Silke Insel | Frank Wechsel

triathlon world championships
hamburg 2007

spo|medis

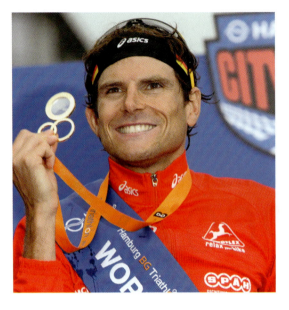

Liebe Triathleten,

mit der WM in Hamburg hat nicht nur meine mittlerweile 17-jährige Karriere einen tollen Höhepunkt gefunden. Auch der olympische Triathlon hat Titelkämpfe erlebt, die so noch nie dagewesen sind und die aufgezeigt haben, wie spektakulär und interessant eine Triathlon-Weltmeisterschaft sein kann.

Die beeindruckende Kulisse und die einmalige Stimmung durch Tausende von begeisterten Zuschauern in den Straßen ließen uns Athleten einen unvergesslichen Wettkampf erleben. Genießen auch Sie noch einmal die Momente, die uns der Triathlon in Hamburg eröffnet hat. Mit tollen und bewegenden Bildern. Augenblicke voller Spannung, Dynamik und Emotionen! Momentaufnahmen von Siegern und Verlierern, kurz: Triathlon von seiner schönsten Seite!

Ich wünsche Ihnen viel Spaß beim Durchblättern und Genießen – und natürlich beim Tanken neuer Motivation. Auf dass es bald wieder lautet: Take your marks …

Ihr
Daniel Unger

Triathlon-Weltmeister 2007

Dear Triathletes,

Not only my career (with 17 years in the sport of triathlon) found an unbelievable highlight at the 2007 Hamburg BG Triathlon World Championships. The whole olympic distance triathlon took a step forward and celebrated some races that showed how exciting and interesting triathlon championships can be.

The unbelievable setting, the once-in-a-lifetime party with thousands of people at the course in the city of Hamburg allowed us athletes to experience a race that we will never forget. Please enjoy with me again all the great moments that the triathlon in Hamburg has given to us. With great and emotional images – moments of excitement, dynamics and emotions! Images of winners and losers: Triathlon at it's best!

I wish you a lot of fun with this book – may it motivate you for another exciting triathlon season. See you soon when we hear the magic words again: Take your marks …

Yours
Daniel Unger

2007 Triathlon World Champion

Inhalt
Table of contents

04 Grußwort: Daniel Unger
Introduction by Daniel Unger

06 Hamburg und die WM
The World Championships in Hamburg

10 Der Weg nach Hamburg: BG Triathlon World Cup
The way to Hamburg: BG Triathlon World Cup

26 3. Hamburger Schülertriathlon
The Hamburg School Triathlon

36 Triathlon erleben: Das Jugendcamp
International youth camp

40 Die Eröffnung der größten WM
Opening ceremony at the Alster

48 Guten Appetit!
The pasta party

54 Die Rennen der Junioren
Junior World Championships

64 Die Rennen der U23
U23 World Championships

76 Judith aus Kenia
Judith from Kenia

82 Die Rennen der Alterklassen
Age Group World Championships

96 **Die Athleten mit Handycap**
Athletes with a disability

102 **Hamburg City Man: Jedermannrennen**
Public races of the Hamburg City Man

110 **Das Rennen der Frauen**
Elite Women World Championships

130 **Das Rennen der Männer**
Elite Men World Championships

152 **Die Abschlussparty der größten WM**
Celebrating the biggest World Championships ever

158 **Alle Finisher des Hamburg City Man 2007**
The 2007 Hamburg City Man results

188 **Ausblick: Die WM 2008 in Vancouver**
The 2008 Vancouver Triathlon World Championships

192 **Impressum**
Imprint

Hamburg und die Weltmeisterschaft

Im September 2002 feierte er seine Premiere: Der Hamburg City Man, der damals noch den Namen des ersten Titelsponsors, einer Brauerei, trug. Im Dezember 2004 erhielten die Hanseaten den Zuschlag für die WM 2007. Eine kurze Geschichte des Rennens.

Ein Rennen schreibt Geschichte
Short history of a great race

Rund um den zweitgrößten Hafen Europas sind sie zu Hause: die rund 1,7 Millionen Hamburger, denen man nachsagt, sie seien eher kühler und zurückhaltender Natur. Das hört spätestens dann auf, wenn es um die Sportbegeisterung der Nordlichter geht. Wie um die Erfindung des Triathlonsports ingesamt ranken sich um die Idee, mitten in dieser Metropole einen Triathlon auszutragen, zahlreiche Gerüchte. Ob es nun DTU-Präsident Dr. Klaus Müller-Ott, der Weltklasse-Athlet und bekennende Hanseat Ralf Eggert oder doch jemand ganz anderes war, der den Stein ins Rollen brachte, weiß niemand mehr so ganz genau. Am 7. September 2002 fiel der erste Startschuss des Rennens, ein Jahr später feierte mit Anja Dittmer eine Deutsche den ersten Sieg. 2004 stand das Rennen etwas im Schatten der Olympischen Spiele von Athen, um 2005 mit einem eindrucksvollen Fotofinish erneut auf sich aufmerksam zu machen. 2006 wurde aus dem grünen Teppich ein blauer – und Vanessa Fernandes feierte ihren ersten Hamburg-Sieg.

1.7 million people live in Hamburg, the city with the second largest harbour in Europe. People say that Hamburgers are a little shy and quiet – but this has an end when they enjoy their world class sport events. It is not quite sure who had the initial idea to host a triathlon race in the heart of the city – it may have been Dr. Klaus Müller-Ott, President of the German federation DTU, or Ralf Eggert, a former world class triathlete. The first race was started on September 7th in 2002. One year later, Anja Dittmer was the first German to win the race. In 2004 the event fell in the shadow of the Olympic Games held two weeks earlier, but in 2005 it ended with a breathtaking sprint finish in the men's race. In 2006, the colour of the carpet changed from green to blue – and Vanessa Fernandes took home her first Hamburg victory.

Greg Bennett (2002), Anja Dittmer (2003), Maik Petzold (2004), Sprintfinish der Herren (2005) und Vanessa Fernandes (2006)

Greg Bennett (2002), Anja Dittmer (2003), Maik Petzold (2004), sprint finish in the men's race (2005) and Vanessa Fernandes (2006)

BG Triathlon World Cup 2007

Die besten Triathleten der Welt treffen sich nicht nur einmal im Jahr zur WM – das ganze Jahr über reisen die Profis durch alle Kontinente, um sich im BG Triathlon World Cup, der höchstdotierten Triathlonserie der Welt, zu messen. Vor der WM fiel 2007 bereits elfmal der Startschuss.

Der Weg nach Hamburg
The Route to Hamburg

25.03.2007 Mooloolaba (AUS)

Der Saisonauftakt 2007 kündigte das Dauerduell des Jahres an: Der Australier Brad Kahlefeldt gewann das erste Weltcuprennen vor dem Spanier Javier Gomez. Ansonsten blieben die Sportler aus Down Under unter sich – es folgten zwei Neuseeländer und zwei weitere Australier. Bei den Frauen siegte Emma Snowsill bei einem der wenigen Aufeinandertreffen der Gigantinnen des Triathlonsports über Vanessa Fernandes, auch Snowsills Landsfrau Erin Denshan konnte sich vor der Portugiesin behaupten.

The first race of the 2007 season gave a preview of what triathlon fans could expect over the rest of the year: Brad Kahlefeldt won in his home country in front of Javier Gomez from Spain. The boys from down under dominated the race with two Kiwis and two Aussies following. In the women's race Emma Snowsill defeated Vanessa Fernandes in one of the few battles between them, Australian Erin Denshan could also beat the Portugal hero.

15.04.2007 Ishigaki (JPN)

Auch auf der kleinen japanischen Fischerinsel Ishigaki waren die Sportler aus Ozeanien vorn: Der Australier Courtney Atkinson gewann vor den beiden Neuseeländern Bevan Docherty und Kris Gemmell. Das Rennen der Frauen zeigte einen packenden Dreikampf: Schulter an Schulter liefen Debbie Tanner, Vanessa Fernandes und Emma Snowsill auf die Ziellinie zu – im Finale hatte diesmal die Portugiesin Fernandes die Nase vor der Australierin Snowsill.

The athletes from Oceania kept their dominating position on the small island of Ishigaki in the very south of Japan: Courtney Atkinson from Australia won with Bevan Docherty and Kris Gemmell from New Zealand joining him on the podium. The race took the breath of the attending fishermen away: Debbie Tanner, Vanessa Fernandes and Emma Snowsill approached the finish line neck to neck – with Fernandes winning and Snowsill second.

06.05.2007 Lisbon (POR)

Die Bühne für die große Show der Vanessa Fernandes war spektakulär: Das Stadion um die Indoor-Wechselzone auf dem ehemaligen Expo-Gelände bot Platz für 15.000 Zuschauer. Die 21-jährige Lokalmatadorin wurde ihrer Favoritenrolle gerecht und feierte Saisonsieg Nummer zwei vor der Britin Michelle Dillon und Christiane Pilz aus Deutschland. Bei den Herren holte sich der Spanier Javier Gomez seinen ersten Sieg des Jahres. Auf dem Kurs von Lissabon findet 2008 die Europameisterschaft statt.

The stage was set for the great show of hometown hero Vanessa Fernandes: 15,000 seats was the capacity of the spectacular indoor transition area at the Expo area of the Portugese capital. 21 year old Fernandes dominated the races cleary when winning her second race of the year in front of Michelle Dillon from Great Britain and Christiane Pilz from Germany. Javier Gomez took home his first gold medal for 2007. The course in Lisbon will host the 2008 European Triathlon Championships in May.

13.05.2007 Richards Bay (RSA)

Das einzige Weltcuprennen in Afrika wurde vom Sieg eines Südafrikaners gekrönt: Hendrik De Villiers siegte im Endspurt vor dem Ukrainer Volodymyr Polikarpenko und der russischen Nachwuchshoffnung Alexander Brukhankov. Auch bei den Frauen war der Nachwuchs vorn: Erst 17 Jahre alt war die Kanadierin Kirsten Sweetland bei ihrem Sieg über die Schweizerin Magali Di Marco Messmer. Wieder auf Platz drei: Christiane Pilz, die einen perfekten Saisoneinstand zeigte.

The only BG Triathlon World Cup race in Africa was crowned by a home country victory for Hendrik De Villiers. On the home stretch he ran past Volodymyr Polikarpenko of the Ukraine and future hero Alexander Brukhankov from Russia. The young athletes also dominated the women's division: 17 year old Kirsten Sweetland from Canada celebrated her first victory with Magali Di Marco Messmer from Switzerland and Christiane Pilz from Germany on second and third.

03.06.2007 **Madrid** (ESP)

Welch eine Enttäuschung: Da lieferten sich die beiden Spanier Javier Gomez und Ivan Rana vor heimischem Publikum ein packendes Duell – und am Ende gewann ein anderer. Filip Ospaly feierte in der spanischen Hauptstadt einen im Endspurt erkämpften Sieg. Bei den Damen holte sich Vanessa Fernandes Saisonsieg Nummer drei, diesmal vor der jungen Neuseeländerin Andrea Hewitt und der Britin Michelle Dillon. In den vier Jahren des Rennens konnte keine andere Athletin in Madrid gewinnen.

What a disappointment: After the Spaniards Javier Gomez and Ivan Rana's neck to neck fight another athlete stole the glory: Filip Ospaly of the Czech Republik overtook the two local heroes on the home stretch. Vanessa Fernandes won the race for the fourth time in a row – no other athlete has don this in the history of the Madrid BG Triathlon World Cup. New Zealand's Andrea Hewitt was second and Michelle Dillon from Great Britain third.

10.06.2007 Vancouver (CAN)

Die Premiere des Weltcuprennens von Vancouver war gleichzeitig die Generalprobe für die Weltmeisterschaften 2008 – Anfang Juni finden hier die nächsten Titelkämpfe statt. Die Medaillen der Männer blieben in Nordamerika: Der Kanadier Simon Whitfield gewann vor den beiden US-Amerikanern Andy Potts und Matthew Reed. Bei den Damen siegte die Neuseeländerin Samantha Warriner vor Sarah Haskins (USA) und der aufstrebenden Australierin Erin Denshan.

The inaugural Vancouver BG Triathlon World Cup was also the test event for the 2008 World Championships: In June the metropolis in British Columbia will host the competition which features some of the best athletes in the world. This year the men´s race medals all went to America: Simon Whitfield from Canada defeated US-boys Andy Potts und Matthew Reed. Samantha Warriner from New Zealand won the women's race with Sarah Haskins (USA) and Erin Denshan (Australia) second and third.

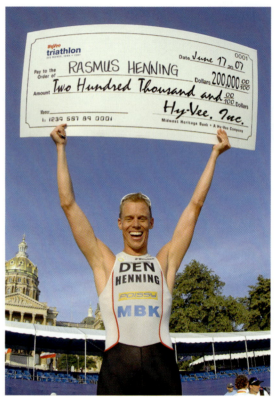

17.06.2007 **Des Moines** (USA)

Den größten Zahltag der Weltcupgeschichte verdankten die Triathleten einer Supermarktkette. Rasmus Henning wurde nach seinem Sieg und der 200.000-Dollar-Prämie in seiner dänischen Heimat der Titel des „Eine-Million-Kronen-Mannes" verliehen. Auf den Plätzen: Bevan Docherty und Javier Gomez. Bei den Frauen feierte US-Girl Laura Bennett ein eindrucksvolles Comeback in der Weltcupspitze vor Annabel Luxford (Australien) und Mariana Ohata (Brasilien).

A supermarket branch provided the highest paycheck in the history of the triathlon sport: Winner Rasmus Henning took home 200,000 USD and is now called the 1-million-crownes-man in Denmark. Bevan Docherty and Javier Gomez joined him on the podium. US-girl Laura Bennett celebrated her comeback on top of the world of triathlon, winning in front of Annabel Luxford (Australia) and Mariana Ohata (Brazil).

24.06.2007 Edmonton (CAN)

Nach zwei zweiten Plätzen endlich der erste Sieg: Bevan Docherty triumphierte beim Weltcup-Abschied der kanadischen Ölmetropole Edmonton vor dem Russen Alexander Brukhankov und dem Schweizer Sven Riederer. Bei den Frauen sorgte der Nachwuchs mit der Australierin Emma Moffatt vor der Kanadierin Kirsten Sweetland für Aufsehen. Dritte wurde die Australierin Annabel Luxford, die den Weltcupzirkus vor drei Jahren dominiert hatte.

After coming in second twice, it was Kiwi Bevan Docherty's day when he won the last show of the BG Triathlon World Cup in Edmonton. Alexander Brukhankov from Russia and Sven Riederer from Switzerland joined him on the podium. In the women's race, the young athletes dominated with Australian Emma Moffatt winning and Canadian Kirsten Sweetland second. Annabel Luxford from Australia who dominated the World Cup three years ago, was third.

22.07.2007 **Kitzbühel** (AUT)

Eine gelungene Österreich-Premiere feierte der Triathlon-Weltcup in der Skimetropole Kitzbühel. Am Fuße der legendären Weltcupabfahrt, der Streif, lief die Tirolerin Eva Dollinger zur Höchstform auf und feierte auf Platz zwei ihre beste Platzierung. Siegerin wurde die Neuseeländerin Andrea Hewitt, Dritte deren Landsfrau Nicky Samuels. Bei den Herren gelang Simon Whitfield sein zweiter Saisonsieg vor dem Franzosen Frederic Belaubre und dem Australier Brad Kahlefeldt.

The first appearance of the BG Triathlon World Cup in Austria was a great success – next to the Streif, the world-famous ski-run, home town hero Eva Dollinger and New Zealand's Andrea Hewitt showed a great neck to neck fight with the Kiwi winning. Her team mate Nicky Samuels finished the race in third place. In the men's race, Olympic champion Simon Whitfield scored his second victory for 2007 with Frederic Belaubre from France second and Brad Kahlefeldt from Australia third.

29.07.2007 **Salford** (GBR)

Drei Namen kristallisierten sich spätestens beim Weltcuprennen von Salford als Favoriten für die Weltmeisterschaften in Hamburg heraus: Javier Gomez siegte vor Brad Kahlefeldt und Simon Whitfield, der mit seinem Sieg bei der Olympiapremiere 2000 in Sydney Triathlongeschichte geschrieben hatte. Bei den Frauen siegte Vanessa Fernandes vor Samantha Warriner und einer Überraschung: Olympiasiegerin Kate Allen (Österreich) zeigte sich erstmals wieder in der Weltcupspitze.

After the Salford race, three athletes named themselfes as the top favourites for the World Championships: Javier Gomez won with Brad Kahlefeldt and Simon Whitfield following. In the women's race, Vanessa Fernandes won again. Samantha Warriner was second and Kate Allen from Austria surprised herself and others with her first time appearance on the podium following her 2004 Athens Olympic Games gold medal.

11.08.2007 Tiszaujvaros (UNG)

Beim dienstältesten Rennen der Weltcupserie dominierten erneut die Damen aus Down Under: Samantha Warriner siegte vor Emma Moffatt und Debbie Tanner. Bei den Herren gewann einmal mehr Javier Gomez, dieses Mal vor dem Neuseeländer Kris Gemmell und Frederic Belaubre aus Frankreich. Am Tag nach dem Einzel-Weltcuprennen gewannen die russischen Damen und Herren die Team-Weltmeisterschaften, Deutschland wurde im Herrenrennen Vizeweltmeister.

At the Tiszaujvaros BG Triathlon World Cup, the oldest member of the series, the athletes from Oceania had a perfect day: Samantha Warriner from New Zealand won with Emma Moffatt from Australia in second and Debbie Tanner from New Zealand in third. In the men's race, Javier Gomez took home another victory, this time beating Kiwi Kris Gemmell and Frederic Belaubre from France. The day after the World Cup, Russia dominated with a double win at the Elite Team World Championship races.

Weltcup-Gesamtwertung 2007
2007 World Cup Ranking

Männer / Men

1.	Javier Gomez (ESP)	277
2.	Simon Whitfield (CAN)	202
3.	Bevan Docherty (NZL)	200
4.	Kris Gemmell (NZL)	176
5.	Brad Kahlefeldt (AUS)	172
6.	Alexander Brukhankov (RUS)	161
7.	Volodymyr Polikarpenko (UKR)	100
8.	Tim Don (GBR)	97
9.	Reinaldo Colucci (BRA)	94
9.	Filip Ospaly (CZE)	94
11.	Sven Riederer (SUI)	92
12.	Rasmus Henning (DEN)	85
12.	Ivan Rana (ESP)	85
14.	Frederic Belaubre (FRA)	83
15.	Courtney Atkinson (AUS)	81
16.	Shane Reed (NZL)	79
17.	Hendrik De Villiers (RSA)	68
18.	Oliver Freeman (GBR)	66
19.	Matthew Reed (USA)	63
20.	Brendan Sexton (AUS)	62

Frauen / Women

1.	Vanessa Fernandes (POR)	239
2.	Samantha Warriner (NZL)	190
3.	Debbie Tanner (NZL)	168
4.	Kiyomi Niwata (JPN)	163
5.	Emma Moffatt (AUS)	159
6.	Kirsten Sweetland (CAN)	158
7.	Annabel Luxford (AUS)	157
8.	Andrea Hewitt (NZL)	145
9.	Erin Densham (AUS)	131
10.	Nicola Spirig (SUI)	125
11.	Magali Di Marco Messmer (SUI)	122
12.	Sarah Haskins (USA)	114
13.	Joelle Franzmann (GER)	103
14.	Christiane Pilz (GER)	102
15.	Michelle Dillon (GBR)	101
16.	Elizabeth May (LUX)	97
17.	Emma Snowsill (AUS)	94
18.	Andrea Whitcombe (GBR)	85
19.	Lauren Groves (CAN)	69
20.	Laura Bennett (USA)	68

Die WM in Hamburg

3. Hamburger Schülertriathlon

Den Auftakt zum Hamburg City Man 2007 machten die Kleinsten: Rund 1.500 Schülerinnen und Schüler gingen am Mittwoch im Stadtpark an den Start – viele lachende Gesichter waren ein gutes Vorzeichen für die WM der Großen.

1.500 Kinder feiern den Triathlon
A triathlon party for 1,500 kids

Triathlon ist ein Sport für alle – ohne Leistungs- und Altersbeschränkung. Das gilt sogar bei einer Weltmeisterschaft. Am ersten Wettkampftag, dem Mittwoch, gingen im Hamburger Stadtpark rund 1.500 Schülerinnen und Schüler aus insgesamt 47 Hamburger Schulen an den Start. Die Veranstaltung war Teil der großen ASICS-Schüler-Tour 2007, die an fast 40 Tourorten rund 30.000 Kinder erstmals mit der faszinierenden Ausdauersportart in Kontakt brachte. Ganz so ernst wie bei den Großen geht es beim Schülertriathlon nicht zur Sache. Da darf schon mal ein Betreuer ein Handtuch oder den Müsliriegel anreichen. Im Vordergrund steht der Spaß – und dass dieser nicht zu kurz kam, zeigen unsere Impressionen aus dem Stadtpark. Und wer weiß – vielleicht tritt ja der eine oder andere Nachwuchstriathlet eines Tages in die Fußstapfen von Vanessa Fernades oder Daniel Unger?

Triathlon is a sport for everyone – without any limits. Even at the race site of the Triathlon World Championships. On Wednesday, about 1,500 kids from a total of 47 schools took part in the 3. Hamburg School Triathlon in and around the Stadtpark Lake. The event was part of the ASICS School Triathlon Tour, which allows about 30,000 kids to take part in a triathlon event for their first time at 40 locations. The rules of racing are not the same as in the elite races: Parents and teachers were allowed to hand towels and cereal bars to the little athletes. Fun comes first – as you can see in our images of the Wednesday's races. And who knows – maybe one day one of the little triathletes will follow in the footsteps of Vanessa Fernades or Daniel Unger?

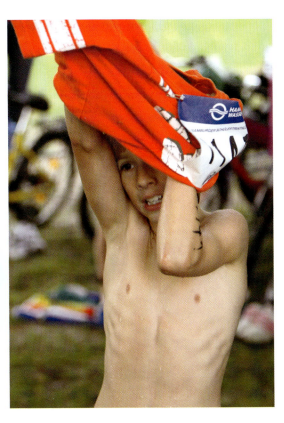  

Jeder Handgriff sitzt – bei den Helfern und bei den Schülern
Many hands made the School Triathlon a success

Rennräder verboten – der Spaß soll im Schülertriathlon nicht unter einer Materialschlacht leiden
Racing bikes forbidden. Expensive bikes shouldn't spoil the kids fun

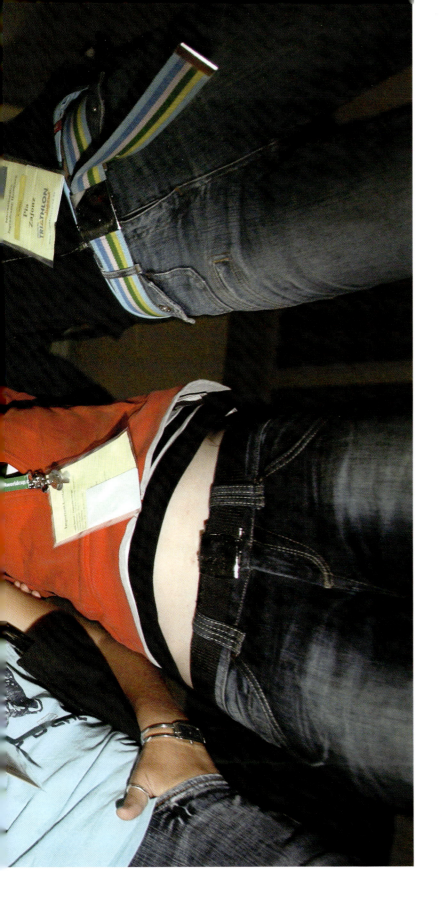

Das internationale Jugendcamp

Auge in Auge mit den Stars – unter diesem Motto waren über 100 Jugendliche aus mehr als einem Dutzend Ländern nach Hamburg gereist, um am internationalen Jugendcamp im Rahmen der Triathlon-WM teilzunehmen.

Die Zimmer heißen Daniel Unger und Joelle Franzmann
Living rooms named Daniel Unger and Joelle Franzmann

„Mehr als nur Triathlonwettkämpfe" – das war den Organisatoren rund um das Junior-Team der Deutschen Triathlon Union besonders wichtig, als sie das Jugendcamp in der Jugendherberge hoch über dem Hafen vorbereiteten. Kultur, Sport und das Kennenlernen der Triathlonfans aus anderen Ländern standen ganz oben auf der Tagesordnung. Deren Höhepunkt waren ein Drachenbootrennen, eine Stadtrallye, die obligatorische Hafenrundfahrt und die Athletentalks mit den Stars der Triathlonszene. Die Zimmer der Herberge trugen übrigens die Namen der besten Triathleten der Welt. Und vielleicht wird eines Tages bei einer fernen WM ja einmal ein Zimmer den Namen eines der diesjährigen Campteilnehmer tragen.

„More than just triathlon races" – this was one of the most important intentions when the members of the Junior Team of the Deutsche Triathlon Union organized the 2007 Youth Camp. The camp was located in the Youth Hostel high above the Hamburg Harbour. More than 100 triathlon friends from more than 12 nations came together to celebrate their favourite sport – and more: a dragon boat race, a hamburg city rallye tour, a harbour cruise and meetings with professional triathletes were some of the many highlights of an exciting weekend. The rooms were named after some of the most successful athletes in the world. Maybe one day a room at a far away World Championship will carry the name of one of the kids of this year's camp in 2007?

Eröffnungsfeier

Willkommen in Hamburg!

In Hamburg regnet es – immer! Nach der Eröffnungsfeier mussten die von weit angereisten Gäste glauben, dass an diesem Gerücht, das zur Hansestadt gehört wie Fischmarkt, Reeperbahn und Kutter, tatsächlich etwas dran sei.

Die WM ist in Hamburg angekommen
Hamburg celebrates the World Championships

„Ich erkläre die Triathlon-Weltmeisterschaften in Hamburg für eröffnet" – mit diesen Worten machte Les McDonald, Präsident der International Triathlon Union (ITU), offiziell, was in vierjähriger Arbeit in Hamburg akribisch vorbereitet worden war. Hamburg hat eine Weltmeisterschaft, zum ersten Mal seit fast 30 Jahren suchen Sportler ihre Besten in der Hansestadt, die sich als Sportmetropole des Nordens etablieren will. Auch wenn die Matrosenhemden des Seemannschors unter dicken Regenjacken versteckt blieben, wurde es so Manchem warm ums Herz – als seine Nationalflagge auf der großen Anzeigetafel auf dem Alsterponton aufleuchtete. Und als die Sportler der Welt dann auch noch ein gemeinsames „What shall we do with a drunken sailor?" anstimmten, war die WM endgültig in Hamburg angekommen.

„I declare the Hamburg Triathlon World Championships open!" – with these words, Les McDonald, President of the International Triathlon Union, made official what Hamburg had been working on over a period of four years. Hamburg has it's World Championship, the first handout of international medals for since almost 30 years. Hamburg is on it's way to become the dominant sports city in the north of Europe. Even with the Sailors Choir wearing rain jackets, a lot of people enjoyed the warm welcome when their national flag appeared on the big screen. And when the sportsmen and sportswomen from all over the world started to sing the famous "What shall we do with a drunken sailor?" The World Championship feeling had arrived in Hamburg.

Prominente Gäste der Eröffnungsfeier: DOSB-Chef
Dr. Thomas Bach, Bürgermeister Ole von Beust,
DTU-Präsident Dr. Klaus Müller-Ott

Dr. Thomas Bach (President of the German NOC),
Ole von Beust (Major of Hamburg), Dr. Klaus Müller-Ott
(President of the German Triathlon Union)

„Ich erkläre die Triathlon-Weltmeisterschaften in Hamburg für eröffnet!" – ITU-Präsident Les McDonald
„I declare the Hamburg Triathlon World Championships open!" – Les McDonald, President of the ITU

Athletes of the World

46

Pasta-Party

Guten Appetit!

Die Pasta-Party gehört zum Triathlon wie die Wechselzone und der Neoprenanzug – und sie ist einer der vielen Get-Together-Termine der Triathleten aus aller Welt. Ein kulinarischer Exkurs in die Axel-Springer-Passage.

Positive Energiebilanz
Carbo loading completed

Wie stopft man 6.000 hungrige Mäuler? Zumal von Triathleten, die ja nicht unbedingt für ihre Zurückhaltung am Büffet bekannt sind? Die Lebensmittellogistik funktionierte jedenfalls ganz gut bei den Triathlon-Weltmeisterschaften 2007, indem man auf den Service einer professionellen Kantine zurückgriff. Fünf Stunden lang ging Nudelteller für Nudelteller über den Tresen in der Axel-Springer-Passage, auch die Nachfrage nach Bananen war gigantisch. Und als zum Durstlöschen auch noch ein zünftiges Weißbier – wenn auch alkoholfrei – gereicht wurde, waren Anreisestress und Sprachbarrieren vergessen: Die Welt war einmal mehr zu Gast bei Freunden.

How do you feed 6,000 triathletes? Everybody knows that some athletes do more laps at the buffet than on the race course, so you need to bring in professionals to cover their needs. The organizers found a professional caterer to hand over plate after plate for more than five hours. Pasta and bananas – and a good white beer to still the thirst – made the pasta party into an international event. The stress of a long journey and the language barriers were soon forgotten when the athletes from all over the world realized: The world was once again the guests of friends!

Carbo-Loading fest und flüssig: die Nudelparty vor der Weltmeisterschaft
Pasta party in Hamburg: eating, drinking, carbo loading

WM Junioren

54

Frühstarter: Die Juniorinnen

Am frühen Freitagmorgen machten die Juniorinnen den Auftakt im straffen Programm der Triathlon-Weltmeisterschaften 2007. Die Britin Hollie Avil ließ Erinnerungen an den totalen britischen Triumph vor einem Jahr wach werden – und Rebecca Robisch Hoffnungen auf einen deutschen.

Der einsame Sieg der Hollie Avil
The Hollie Avil One-woman-show

Kalt und grau war er, der erste Morgen der Triathlon-Weltmeisterschaften von Hamburg. Darum hatte es eine Britin wohl besonders eilig: Hollie Avil hielt es nicht lange in der Gesellschaft ihrer jungen Konkurrentinnen aus und machte sich nach dem zweiten Wechsel auf und davon: Nach 59:43 Minuten für die Sprintdistanz ließ sich die Europameisterin von Kopenhagen auch als Weltmeisterin von Hamburg krönen. Zweite wurde die Australierin Ashley Gentle – und dann jubelten auch gleich die Deutschen: Rebecca Robisch lieferte die Steilvorlage für das Wochenende, wiederholte als Dritte ihren Vorjahreserfolg. „Wenn nicht jetzt, wann dann?" – die Triathlon-WM in Deutschland hatte ihren ersten Star.

Hollie Avil from Great Britain is the new junior women's triathlon world champion, winning the first race of the weekend with a time of 59:43 minutes and an 11 second gap to Ashley Gentle from Australia. On a cold and grey early Friday morning, Avil took the lead in the race immediately after she left her bike in T2 to run for a second international victory after winning the European Championships title in Kopenhagen two months before. Bavarian girl Rebecca Robisch repeated her 2006 bronze medal and opened the most successful World Championships event in triathlon history for Germany.

**Motiviert bis in die Fingerspitzen:
die deutschen Juniorinnen**
Motivated to the fingertips:
junior women from Germany

Lauf, Rebecca, lauf! Familie Robisch an und auf der Strecke
Run, Rebecca, run! The Robisch family on both sides of the fence

Voller Einsatz: Anja Knapp, Wencke Stoltz, Hollie Avil

Maximum effort: Anja Knapp, Wencke Stoltz, Hollie Avil

Frankreich gegen England
France vs. Great Britain

So richtig hell war es immer nocht nicht und die Wolkendecke zog sich bedrohlich zu, als die 82 Junioren zum zweiten Rennen der WM in die Alster sprangen. Die Zuschauer störte das genausowenig wie die Athleten – vor allem nicht jene fünf, die sich auf dem Rad auf und davon machten. Da konnte Titelverteidiger Alistair Brownlee im Verfolgerfeld strampeln, wie er wollte – ganz vorn war man sich einig. So machten sich die Franzosen Aurélien Raphael und Vincent Luis auf, den Kampf um Gold und Silber unter sich auszutragen. Doch ganz so weit wollte es Brownlee nicht kommen lassen: Er lief den Lauf seines Lebens und schnappte sich vor dem Ziel noch Luis. Raphael war jedoch schon seit 26 Sekunden Weltmeister.

It was still dark and grey clouds covered the sky when the 82 junior men jumped into the Alster for their World Championship competition. But neither the spectators nor the athletes were interested in the weather. They saw one of the most exciting races of the whole weekend. Five boys rode away early, and defending champion Alistair Brownlee worked as hard as never before – but couldn't close the gap. So the French teammates Aurélien Raphael and Vincent Luis took off for an internal battle for gold and silver – but this was not what Brownlee had in mind. He ran the best race of his young career, taking over Luis just before the finish line. At this time, Raphael was celebrating his World Championship title for already 26 seconds.

Wenn Träume fliegen lernen: der Sub-16-Laufschuh
Will this dream come true: sub-16 running shoe

Hat seinen Meister gefunden: Als Alistair Brownlee durch
das Ziel läuft, ist Aurélien Raphael schon da
Alistair Brownlee crosses the finish line, but Aurélien Raphael
ist already waiting for him

Wetter-Fest:
Die Rennen der U23

Aprilwetter im September: Dunkle Wolken, dichter Regen und strahlender Sonnenschein wechselten sich ab bei den Rennen der Altersklasse U23. Strahlend auch die Sieger: Lisa Norden aus Schweden und der Deutsche Gregor Buchholz überraschten die starke Konkurrenz.

Triumph für das Nordlicht
First time victory for Sweden

Die größte Regenschlacht des WM-Wochenendes war die Entscheidung bei den Damen der U23. Den Umstand, dass sich die Nachwuchsstarterinnen in den Kurven des engen Stadtkurses eher zurückhielten, wollte zunächst eine US-Amerikanerin ausnutzen: Beherzt, konzentriert und völlig allein manövrierte sich Jasmine Oeinck über die Strecke, vergrößerte dabei den Vorsprung Runde um Runde. Doch wie gewonnen, so zerronnen: Auf der letzten der vier Laufrunden holte die Schwedin Lisa Norden die Ausreißerin ein und sicherte schließlich mit einem komfortablen Vorsprung von 51 Sekunden den ersten Weltmeistertitel für Schweden. Zweite wurde Oeinck vor der Ungarin Renata Koch.

The race of the U23 women was a fight against the rain – difficult for the girls who hadn't learned how to handle a bike in bad conditions. Jasmine Oeinck from the US took her chance to go for the gold in her own style: She left the pack early in the race to increase her lead with every lap and start the run one minute in front of the others. But in the third of four laps, Lisa Norden of Sweden not only closed the gap but also won the gold. At the finish line, Norden's lead was almost a minute. Oeinck was second and Renata Koch from Hungary took the bronze medal.

Wasserschlachten – in der Alster, um die Alster
Waterworlds – in the lake and on the road

Allwettersport Triathlon: Kathrin Müller gegen den Regen
Fighting the conditions: Kathrin Müller from Germany

Große Freude unter großer Flagge: Lisa Norden

Big cheers, big flag: Lisa Norden

Gregor Buchholz gewinnt unerwartet Gold
Unexpected gold for Germany

Ganz ehrlich – mit einem Weltmeistertitel für Deutschland im Rennen der U23 hatte wohl niemand gerechnet. Nahezu unbekannt war Gregor Buchholz in der Szene. Daran änderte auch sein Deutscher Meistertitel von München sieben Wochen vor der WM nicht viel. Ohne den Druck eines Mitfavoriten auf den Schultern behielt der Potsdamer Nerven und Überblick und seine Konkurrenz sowohl beim Schwimmen als auch auf der Radstrecke im Auge. Beim Laufen machte sich ein Trio auf und davon: Mit dabei Gregor Buchholz, der sich mit dem Australier Brendan Sexton und dem Russen Ivan Vasiliev auseinandersetzen musste. Im Endspurt hatte Buchholz die Nase vorn – den Emotionen auf dem blauen Teppich und den Tribünen waren nun keine Grenzen mehr gesetzt.

To be honest: Nobody could expect a gold medal for the home country in the men's U23 division. And to be honest again: Nobody really knew about a young man called Gregor Buchholz, even after he'd won the German U23 title seven weeks before the World Championships. But without a heroes pressure, he took his chance with a solid swim and a controlled ride to take the lead after T2, neck to neck with Australian Brendan Sexton and Ivan Vasiliev from Russia. Together they ran down all the 10k run course until the the home stretch. Spurred on by the cheering home country crowd, Gregor Buchholz pulled away to secure the biggest win of his career. Sexton was second and Vasiliev third.

Gregor Buchholz: Sein Rennen, seine Fans, sein Sieg, sein erster Gratulant Sebastian Rank
The race, the fans, the victory and the celebration: Gregor Buchholz

„Freezing is not my lifestyle"

Triathlon ist ein Sport, der verbindet. Nicht nur die drei beliebtesten Ausdauersportarten der Welt, sondern auch die Sportler aus vielen Nationen dieser Erde. Eine davon: Judith Anyango, die einzige WM-Teilnehmerin aus Kenia.

Aus Afrika an die Alster
From Africa to the Alster

Für die einen ist es knallharter Leistungssport, für andere immer noch ein Abenteuer: In die Pionierzeiten des Triathlons fühlt man sich versetzt, wenn man ein Gespräch mit Judith Anyango beginnt. Eine Pionierin ist sie in der Tat: Wenn sie erzählt, welche Szenen sich am Flughafen abspielen, wenn sie mit ihrem Rennrad im Gepäck in Nairobi aus dem Flugzeug aussteigt, wird einem bewusst, wie selbstverständlich viele Dinge für uns doch geworden sind, als wir in einer großen Triathlonnation aufwachsen durften. Die Teilnahme an der WM war für Judith vor allem eines: Spaß. Und davon bekam sie eine ganze Menge. Dabei spielt es keine Rolle, dass sie auf ihrem Weg zu Platz 79 in der Altersklasse 30 vor allem einen Gegner hatte: die nordische Kälte der Hansestadt.

Winning was not the main goal of every athlete competing in the 2007 Hamburg Triathlon World Championship. Having fun was also important for a majority of athletes – for example for Judith Anyango from Kenia. When she starts talking about her short triathlon career, you will hear some unbelievable stories. Or have you ever tried to check out of the Nairobi airport with you racing bike? Judith achieved her main goal: She had a lot of fun before, during and after her race. But the most challenging opponent on her way to place 79 in her W30 age group was not another girl in the race: It was the unbelievable cold in the hanseatic city of Hamburg.

Judith aus Kenia

Stationen einer Entdeckungsreise: Judith Anyango mit Rebecca Robisch, an der Akkreditierung und während des Rennens

A triathlon journey: Judith Anyango meeting Rebecca Robisch, picking up her race number – and racing

Sightseeing in Hamburg

Sie bilden das stärkste Teilnehmerfeld bei den internationalen Meisterschaften der Triathleten: Die Altersklassensportler, die in Hamburg erstmals nicht nur über die olympische, sondern auch über die Sprintdistanz an den Start gingen.

Das Multi-Kulti-Festival
A nations parade

Aus 52 Nationen kamen die Sportler in den Altersklassenentscheidungen bei der Triathlon-Weltmeisterschaft in Hamburg. Das größte Kontingent stellten die Gastgeber: 811 Sportlerinnen und Sportler gingen im Trikot der DTU an den Start. 551 Briten waren gemeldet und 247 US-Amerikaner. 175 Australier und 120 Kanadier komplettierten die fünf größten Nationen der Titelkämpfe. Unter den Teilnehmern waren aber auch zahlreiche Exoten: Können Sie Saint Kitts und Nevis, Barbados, die Cook-Inseln oder Grenada ohne Weiteres auf der Landkarte finden? Doch nicht nur auf der Strecke war eine bunte Mischung vertreten, auch an der Strecke gab es so manches zu entdecken. Wettkampf und Sightseeing – diese schöne Kombination können nur ganz wenige Sportarten bieten.

Athletes from 52 nations took part in the age group divisions of the 2007 Hamburg Triathlon World Championship. The largest team came – of course – from the home country: 811 Germans entered the race. 551 athletes from Great Britain, 247 from the USA, 175 from Australia and 120 from Canada completed the five biggest national teams in this event. But on the course, you could find a lot of athletes from smaller countries: Are you able to locate Saint Kitts and Nevis, Barbados, the Cook Islands or Grenada on a map without help? The Hamburg City Man triathlon was also a big sightseeing event as the course included some of the best known places in the city.

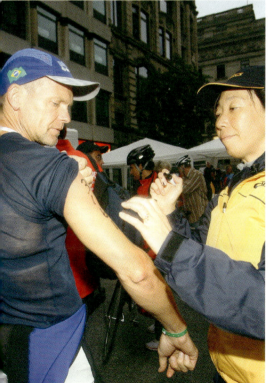

Alstervergnügen: der feuchtfröhliche Auftakt zum Triathlon
The Alster: perfect conditions for a swim course in the heart of a big city

Die Radstrecke entlang der Elbe
Cycling course alongside the Elbe river

Die große Zielparty auf dem Rathausmarkt
Finish line party at the town square

Die 52 Nationen der Altersklassen-WM
Age group athletes from 52 nations

Land	Nation	Teilnehmer	Land	Nation	Teilnehmer
Deutschland	Germany	811	Französisch Polynesien	French Polynesia	3
Großbritannien	United Kingdom	551	Israel	Israel	3
USA	United States	247	Liechtenstein	Liechtenstein	3
Australien	Australia	175	Portugal	Portugal	3
Kanada	Canada	120	Saint Kitts und Nevis	Saint Kitts and Nevis	3
Mexiko	Mexico	69	Tschechien	Czech Republic	3
Irland	Ireland	68	Ungarn	Hungary	3
Neuseeland	New Zealand	54	Kolumbien	Colombia	2
Südafrika	South Africa	46	Marokko	Morocco	2
Italien	Italy	45	Zypern	Cyprus	2
Dänemark	Denmark	44	Argentinien	Argentina	1
Spanien	Spain	40	Barbados	Barbados	1
Österreich	Austria	36	Belgien	Belgium	1
Schweden	Sweden	36	Bermuda	Bermuda	1
Schweiz	Switzerland	36	Cook-Inseln	Cook Islands	1
Frankreich	France	30	Estland	Estonia	1
Brasilien	Brazil	25	Ghana	Ghana	1
Niederlande	Netherlands	19	Gibraltar	Gibraltar	1
Polen	Poland	17	Grenada	Grenada	1
Hongkong	Hong Kong	8	Honduras	Honduras	1
Japan	Japan	8	Kenia	Kenya	1
Costa Rica	Costa Rica	6	Lettland	Latvia	1
Finnland	Finland	6	Litauen	Lithuania	1
Russland	Russian Federation	6	Philippinen	Philippines	1
Luxemburg	Luxembourg	4	Simbabwe	Zimbabwe	1
Serbien und Montenegro	Serbia and Montenegro	4	Slowenien	Slovenia	1

Die WM ohne Grenzen

Triathlon ist ein Sport für alle – auch für die Menschen mit Behinderung (engl. AWAD = Athletes with a disability). Daher gehören diese Sportler schon lange fest zum Programm der Triathlon-Weltmeisterschaften. In Hamburg erreichten 50 Finisher das Ziel.

Die lange Reise der Behindertensportler
The long journey of the AWADs

50 Athletinnen und Athleten finishten in den sechs Kategorien der Triathlon-Weltmeisterschaften bei den „AWADs": Die Rollstuhlfahrer, die Amputierten am Arm oder am Bein über und unterhalb des Knies, die Blinden und die in einer Wertungsklasse zusammengefassten Sportler mit sonstigen Behinderungen. Am frühen Sonntagmorgen gingen die AWADs auf die Strecke, die für manche eine gigantische Herausforderung darstellte – so war der oberschenkelamputierte US-Amerikaner Scout Bassett mehr als sechs Stunden auf der olympischen Distanz unterwegs. Auch wenn die Strapazen der langen Anreise für die Behindertensportler noch weitaus größer waren – spätestens bei der Siegerehrung, als alle AWAD-Finisher einen Sonderapplaus bekamen, hatten sich die Mühen gelohnt.

50 Athletes took part in the six AWAD categories of the Hamburg BG Triathlon World Championships: Wheelchair athletes, below and above knee amputees, upper extremity amputees, blind athletes and a mixed field. Just after the sunrise the AWAD athletes began their long and exhausting journey – Scout Basset (USA) spend more than six hours on the course to finish the olympic distance race. Even if the stress and burden of travelling was much more intense for t he AWAD athletes, they all knew that every step was worth it - when they got their extra applause at the closing ceremony.

Mittendrin: Die Athleten mit Behinderung mischten sich unter die Teilnehmer der Altersklassen-Weltmeisterschaften

The AWAD athletes competed at the same time and on the same course as the age group athletes

Triathlon für alle

Einen Wettkampf ausprobieren im Rahmen einer Weltmeisterschaft – diese Gelegenheit gibt es nur beim Triathlon. Der Hamburg City Man ist seit Jahren der größte Triathlon in Deutschland, weit mehr als 3.000 Jedermänner gingen auch im Rahmen der WM an den Start.

Finishen als höchstes Ziel
Main goal: finishing a triathlon

Ein waschechter Hamburger Ausdauersportler hat drei Highlights in seinem Wettkampfkalender. Im Frühjahr den Marathon, im Sommer den Triathlon und im Herbst die Cyclassics. In vielen Fitnessstudios werden Programme zur Vorbereitung angeboten, zahlreiche Unternehmen haben den Triathlonstart im Betriebssportprogramm verankert. Wegen des großen Platzbedarfs der Weltmeisterschaften fielen die Jedermannfelder in diesem Jahr etwas kleiner aus – sie sind aber für sich genommen noch immer unter den größten Triathlonveranstaltungen der Welt zu finden. Ging es in den übrigen Entscheidungen um Gold, Silber und Bronze, war für die meisten Teilnehmer am Samstagvormittag ein anderes Ziel am wichtigsten: das Finishen!

Doing outdoor sports in Hamburg and competing in races means having three highlights in the calendar for many people. Running the Hamburg Marathon in spring, finishing the Hamburg City Man in summer and the competing in the Cyclassics road race in autumn is the magic three of Hamburgs open to the public sport events. Even as the World Championships covered most of the time of the race weekend, the Hamburg City Man is still one of the largest triathlon events in the world. Winning gold, silver and bronze medals was not the main focus of the athletes competing in this Saturday morning: Finishing the race and becoming a triathlete was much more important to them.

Erlebnisse statt Ergebnisse: der Spaß steht im Vordergrund
Fun comes first in the Hamburg City Man races

Stadtrundfahrt im Wettkampfdress: die Radstrecke
Sightseeing in a race dress: the bike course

WM Elite Frauen

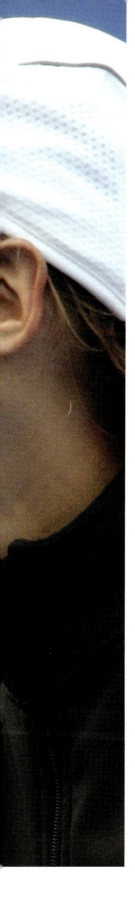

Die Krönung

Ein Weltmeistertitel fehlte der Portugiesin Vanessa Fernandes noch in ihrer unglaublichen Triathlon-Karriere. In bewährter Manier feierte sie in Hamburg ihren größten Sieg – und hatte dabei auch das Glück der Tüchtigen auf ihrer Seite.

Neuauflage eines großen Duells
The big battle again

Für den Weltmeistertitel 2007 kamen eigentlich nur zwei Frauen in Frage: Vanessa Fernandes aus Portugal, die in den letzten drei Jahren eigentlich alles gewonnen hat, was es im Triathlonsport zu gewinnen gibt. Außer einem WM-Titel. Und Emma Snowsill aus Australien, die derer bereits drei vorweisen kann: 2003 in Queenstown, 2005 in Gamagori und 2006 in Lausanne hatte der Rennfloh aus Down Under die Nase vorn. Das spannende Duell in Hamburg nahm einen unerwarteten Verlauf: Vanessa Fernandes dominierte das Feld vom ersten Meter an, hielt sich sowohl beim Schwimmen als auch auf der Radstrecke an der Spitze. Doch wo blieb Emma Snowsill? Sie hatte beim Schwimmen den Anschluss verpasst, konnte die Lücke auf dem Rad nicht schließen – und startete auf der Laufstrecke eine unglaubliche Aufholjagd. Die endete auf Platz zwei, vor der Amerikanerin Laura Bennett, aber hinter Fernandes, die sich nun endlich als eine der größten Athletinnen der Triathlongeschichte feiern darf.

Vanessa Fernandes vs. Emma Snowsill – this was the expected battle for the title in the elite women's race of the 2007 Hamburg BG Triathlon World Championships. Fernandes from Portugal had won almost everything possible in her young career – except a World Championship title. Snowsill collected three of them, winning the 2003 Queenstown, 2005 Gamagori and 2006 Lausanne World Championships. But the battle took an unexpected turn: Vanessa Fernandes never lost the leading position during the swim and the bike, but where was Emma Snowsill? She had a bad swim and couldn't close the gap. The little Australian started an unbelievable run that ended with a silver medal in front of Laura Bennett from the US, but behind Vanessa Fernandes who has now introduced herself to the greatest athletes in triathlon history.

WM Elite Frauen

Große Kulisse: Mehr als 200.000 Zuschauer verfolgten
das spannende Damenrennen rund um die Alster
Best crowd ever: More than 200,000 spectators followed the
women's race around the Alster lake

Auf geht's: die Damenspitze mit Anja Dittmer (rechts) auf dem Weg in die Wechselzone
The leading pack with Anja Dittmer (right) on their way into transition

Voller Einsatz: Vanessa Fernandes, Joelle Franzmann, Lisa Hütthaler (v. l. n. r.)
Working hard: Vanessa Fernandes, Joelle Franzmann, Lisa Hütthaler (left to right)

Hohes Tempo auf den Geraden: Annabel Luxford (links), Samantha Warriner und Debbie Tanner
High Speed: Annabel Luxford (left), Samantha Warriner and Debbie Tanner

Sehen viele nur von hinten: Vanessa Fernandes
Most athletes only know her back: Vanessa Fernandes

Auf dem Weg zum Olympiaticket: Anja Dittmer
On her way to Beijing: Anja Dittmer

Voller Einsatz:
DTU-Sportdirektor Rolf Ebeling, Ricarda Lisk
German head coach Rolf Ebeling pushing Ricarda Lisk

Unglaubliche Aufholjagd: Emma Snowsill
Never ever giving up: Emma Snowsill

Freud und Leid: Vanessa Fernandes ist Weltmeisterin, Ricarda Lisk finisht auf Platz fünf mit, Joelle Franzmann auf Platz acht ohne Olympiaticket

Cheers and tears: Vanessa Fernandes wins, Ricarda lisk finishes in fifth place with, Joelle Franzmann in eighth place without an Olympic slot

Das Podium der Frauen: Emma Snowsill, Vanessa Fernandes, Laura Bennett
Top three women: Emma Snowsill, Vanessa Fernandes, Laura Bennett

Nervenkitzel

Wie viele Favoriten es für das Rennen der Herren geben würde, wusste keiner vor dem Start so ganz genau zu sagen. Dass der Spanier Javier Gomez eine wichtige Rolle spielen würde, stand da schon eher fest. Dass ein Deutscher ihn schlagen würde, übertraf alle Erwartungen.

Die Geburt eines Helden
The rise of a hero

Ihren Höhepunkt erlebten die Triathlon-Weltmeisterschaften 2007 mit dem letzten Rennen, dem großen Finale, der Entscheidung bei den Männern. Die deutschen Athleten hatten mit ihren beiden Medaillen am Freitag und den guten Damenergebnissen am Samstag die Steilvorlage geliefert, die Bühne bereitet. Jetzt galt es für die Herren, dem großen Druck standzuhalten und den Sack zuzumachen. Als es nach einem harten Schwimmen und einem Radpart, bei dem sich schließlich alle Favoriten in der Spitzengruppe fanden, auf die Laufstrecke ging, waren die Deutschen mit dabei. Ein großer Name nach dem anderen musste dem Höllentempo Tribut zollen, bis am Ende nur noch zwei Kandidaten für den WM-Titel übrig blieben: der Spanier Javier Gomez – und der Deutsche Daniel Unger …

The final highlight of the 2007 Hamburg BG Triathlon World Championships was the elite men's race. Nobody was able to say how many of them would be able to run for the title. The only thing everybody knew was: You had to beat Spaniard Javier Gomez to become a world champion. The unbelievable German crowds along the course had already witnessed two medals on Friday and an excellent women's race on Saturday. Now the men had to cope with the pressure of experience. After a hard swim and bike all the big names started the run together. One after another had to withdraw from his victory attempt as the speed was an unbelievable sub-30 pace – only until Javier Gomez and Daniel Unger were left …

Harte Kämpfe, hautnah: So dicht wie in Hamburg kommen die Zuschauer nirgends an Javier Gomez (li.) und die Konkurrenz heran

Spectator friendly: No other race course in the world allows the crowd to be so close to Javier Gomez (left) and his competitors

Dichtes Gedränge – sowohl beim Schwimmausstieg nach knapp 1.000 als auch beim Finale nach 1.500 Metern

What a bunch – at the first exit after 1.0 and the final exit after 1.5k

WM Elite Männer

Auf der Radstrecke: Wer in den zahlreichen Kurven den Anschluss verliert, muss seine Medaillenträume begraben
On the bike course: Losing the group after one of the turns means losing the chance for a medal

Kampf um die besten Positionen – an und auf der Radstrecke
Fighting for a good position – on and off the course

Adrenalin: der zweite Wechsel
The war of wheels in T2

Szenen einer Entscheidung: Erst führt der Brite William Clarke, dann Frodeno und Unger, dann Gomez
William Clarke is taking an early lead, but the others close the gap. Javier Gomez is testing the field

Auf den letzten 200 Metern zieht Daniel Unger an – und davon
On the last lap Daniel Unger takes the lead – and moves away

Triathlon-Weltmeister 2007: Daniel Unger!
Triathlon World Champion 2007: Daniel Unger!

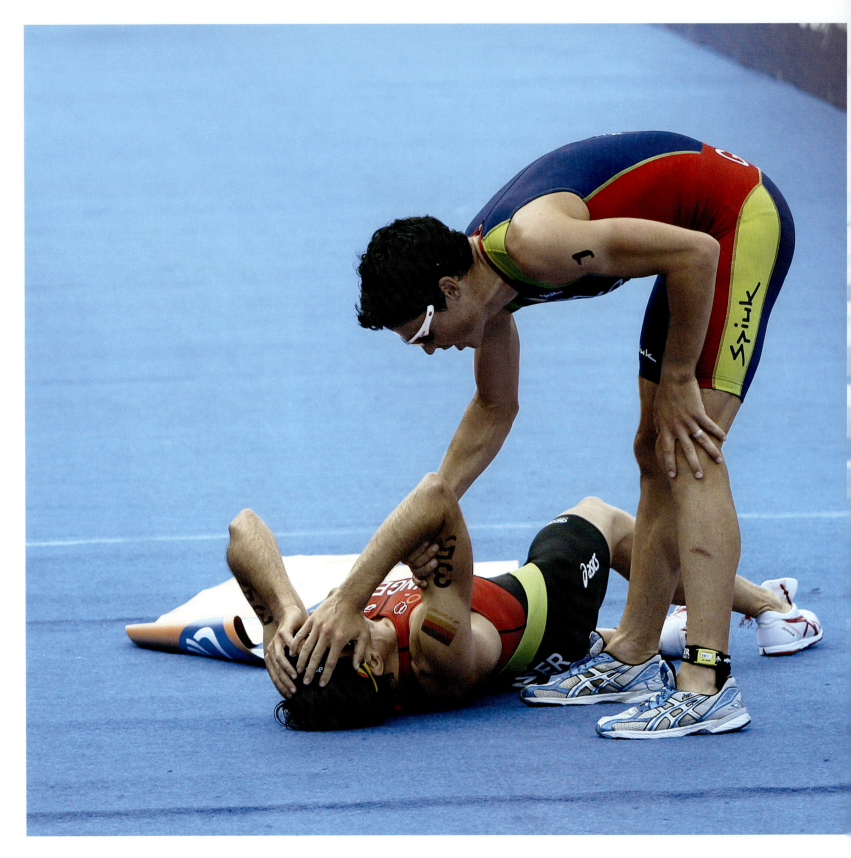

Fassungslosigkeit – beim Sieger und beim Besiegten
They can't believe it: Daniel Unger and Javier Gomez

Tränen der Freude: Daniel Unger allein und mit DTU-Präsident Dr. Klaus Müller-Ott

Tears of happiness: Daniel Unger on his own and with Dr. Müller-Ott, president of the DTU

Die Abschlussparty

Stimmungsvoller Abschluss jeder Weltmeisterschaft ist die große Abschlussparty mit allen Stars und den Siegerehrungen der Altersklassen. Doch auch der nichtoffizielle Teil ist beliebt – zum Beispiel die große Trikot-Tauschbörse.

Der Weltmeister und seine Wette
The champion and his bet

„Ich muss da noch etwas in eigener Sache loswerden …" Eigentlich war das Siegerinterview mit Daniel Unger schon vorbei, als der Weltmeister selbst das Mikrofon ergriff. Er habe einem guten Freund etwas versprochen, holte der Mengener rund vier Stunden nach seinem Triumph aus. Wenn er Weltmeister würde, wollte er seine Freundin Tina fragen, ob sie seine Frau werde. Tina überlegte nicht lange und sagte „Ja!" – die Stimmung, die das neuseeländische Team bereits mit dem Haka-Kriegstanz aufgepeitscht hatte, schwappte endgültig über. Bis in die frühen Morgenstunden wurde in der Hamburger Fischauktionshalle gefeiert – und dabei so manche Verabredung für das kommende Jahr getroffen. Vancouver 2008 – wir sind dabei!

„There is something I have to say now …" The winner's interview with Daniel Unger was over, but now the champion took the microfon himself. Long before the race, a friend had asked him what he would do if he ever became a world champion. „I will ask my gilrfriend if she wants to marry me", Daniel had answered. Now the time had come, and Tina climbed the stage to whisper her „Ja" to Daniel's ear. Now the party that began with the Haka dance of the New Zealand athletes took off – it was not before the very early morning when the last athletes left the Fish Market Hall. And some of them already made their appointment for next year: See you in Vancouver, 2008!

Lasst uns feiern – die Stimmung in der Fischauktionshalle kocht!
Let's party – the celebration of a wonderful World Championships event

Finisher 2007

158

Alle Finisher

Hamburg City Man 2007 – das sind die Weltmeister Daniel Unger und Vanessa Fernandes, aber auch die vielen Teilnehmer in den Titelkämpfen der Altersklassen und den Rennen der Jedermänner. Auf den folgenden Seiten finden Sie alle Finisher.

Elite W

Elite M

U23 W

2007 Hamburg BG Triathlon World Championships
Elite Women Results (Olympic Distance)

1.	Vanessa Fernandes (POR)	1:53:27
2.	Emma Snowsill (AUS)	1:54:31
3.	Laura Bennett (USA)	1:54:37
4.	Emma Moffatt (AUS)	1:54:54
5.	Ricarda Lisk (GER)	1:54:59
6.	Anja Dittmer (GER)	1:55:04
7.	Magali Di Marco Messmer (SUI)	1:55:09
8.	Joelle Franzmann (GER)	1:55:15
9.	Jessica Harrison (FRA)	1:55:26
10.	Sarah Haskins (USA)	1:55:27
11.	Samantha Warriner (NZL)	1:55:33
12.	Debbie Tanner (NZL)	1:55:53
13.	Carole Peon (FRA)	1:56:01
14.	Lauren Groves (CAN)	1:56:01
15.	Elizabeth May (LUX)	1:56:06
16.	Sarah Groff (USA)	1:56:19
17.	Carolyn Murray (CAN)	1:56:40
18.	Ai Ueda (JPN)	1:56:47
19.	Nicola Spirig (SUI)	1:57:00
20.	Kate Allen (AUT)	1:57:08
21.	Kiyomi Niwata (JPN)	1:57:13
22.	Birgit Berk (NED)	1:57:15
23.	Julie Ertel (USA)	1:57:26
24.	Maria Czesnik (POL)	1:57:32
25.	Andrea Whitcombe (GBR)	1:57:48
26.	Christiane Pilz (GER)	1:57:57
27.	Kathy Tremblay (CAN)	1:57:58
28.	Akiko Sekine (JPN)	1:58:00
29.	Michelle Dillon (GBR)	1:58:10
30.	Annabel Luxford (AUS)	1:58:13
31.	Marion Lorblanchet (FRA)	1:58:23
32.	Irina Abysova (RUS)	1:58:26
33.	Hongni Wang (CHN)	1:58:28
34.	Juri Ide (JPN)	1:58:34
35.	Ewa Dederko (POL)	1:58:39
36.	Daniela Ryf (SUI)	1:58:45
37.	Radka Vodickova (CZE)	1:58:48
38.	Ana Burgos (ESP)	1:58:52
39.	Saori Ohmatsu (JPN)	1:59:06
40.	Mari Rabie (RSA)	1:59:10
41.	Lenka Zemanova (CZE)	1:59:35
42.	Tania Haiboeck (AUT)	1:59:47
43.	Zita Szabo (HUN)	1:59:50
44.	Anais Moniz (POR)	2:00:03
45.	Adriana Fabiola Corona (MEX)	2:00:13
46.	Evelyn Williamson (NZL)	2:00:18
47.	Evgeniya Matveeva (RUS)	2:00:21
48.	Taryn Mcleod (NZL)	2:00:22
49.	Sara McLarty (USA)	2:00:33
50.	Charlotte Bonin (ITA)	2:00:54
51.	Kerry Lang (GBR)	2:01:06
52.	Lin Xing (CHN)	2:01:24
53.	Helle Frederiksen (DEN)	2:01:35
54.	Olesya Prystayko (UKR)	2:01:54
55.	Lisa Hütthaler (AUT)	2:02:19
56.	Jana Jirouskova (CZE)	2:02:29
57.	Sarah Schütz (SUI)	2:04:47
58.	Olga Zausaylova (RUS)	2:05:15
59.	Yekaterina Shatnaya (KAZ)	2:05:16
60.	Zurine Rodriguez Sanchez (ESP)	2:05:37
61.	Olga Dmitrieva (RUS)	2:07:53

2007 Hamburg BG Triathlon World Championships
Elite Men Results (Olympic Distance)

1.	Daniel Unger (GER)	1:43:18
2.	Javier Gomez (ESP)	1:43:22
3.	Brad Kahlefeldt (AUS)	1:43:35
4.	Simon Whitfield (CAN)	1:43:40
5.	William Clarke (GBR)	1:43:44
6.	Jan Frodeno (GER)	1:43:57
7.	Terenzo Bozzone (NZL)	1:44:04
8.	Stuart Hayes (GBR)	1:44:07
9.	Bevan Docherty (NZL)	1:44:22
10.	Tim Don (GBR)	1:44:27
11.	Andy Potts (USA)	1:44:31
12.	Tony Moulai (FRA)	1:44:45
13.	Marek Jaskolka (POL)	1:44:51
14.	Matthew Reed (USA)	1:44:55
15.	Sven Riederer (SUI)	1:44:57
16.	Daniel Lee Chi Wo (HKG)	1:44:59
17.	Igor Sysoev (RUS)	1:45:00
18.	Cedric Fleureton (FRA)	1:45:02
19.	Brent McMahon (CAN)	1:45:04
20.	Hirokatsu Tayama (JPN)	1:45:08
21.	Samuel Pierreclaud (FRA)	1:45:12
22.	Andrea D'Aquino (ITA)	1:45:14
23.	Emilio D'Aquino (ITA)	1:45:16
24.	Paul Tichelaar (CAN)	1:45:23
25.	Steffen Justus (GER)	1:45:25
26.	Daniil Sapunov (KAZ)	1:45:31
27.	Andreas Raelert (GER)	1:45:34
28.	Laurent Vidal (FRA)	1:45:34
29.	Sander Berk (NED)	1:45:36
30.	Stephane Poulat (FRA)	1:45:38
31.	Ruedi Wild (SUI)	1:45:43
32.	Daniel Fontana (ITA)	1:45:46
33.	Dan Alterman (ISR)	1:45:49
34.	Franz Hofer (AUT)	1:45:56
35.	Matt Hopper (AUS)	1:46:00
36.	Axel Zeebroek (BEL)	1:46:03
37.	Ryosuke Yamamoto (JPN)	1:46:08
38.	Simon Agoston (AUT)	1:46:12
39.	Dirk Bockel (LUX)	1:46:19
40.	Frederic Belaubre (FRA)	1:46:23
41.	Filip Ospaly (CZE)	1:46:24
42.	Rasmus Henning (DEN)	1:46:35
43.	Timothy O'Donnell (USA)	1:46:35
44.	Zvonko Cubric (CRO)	1:46:44
45.	Gavin Noble (IRL)	1:46:58
46.	Yuichi Hosoda (JPN)	1:46:59
47.	Omar Tayara (SYR)	1:47:08
48.	Kent Horner (RSA)	1:47:17
49.	Shane Reed (NZL)	1:47:54
50.	Hendrik De Villiers (RSA)	1:47:56
51.	Colin Jenkins (CAN)	1:47:59
52.	Joe Umphenour (USA)	1:48:06
53.	Juraci Moreira (BRA)	1:48:11
54.	Mark Fretta (USA)	1:48:22
55.	Leonardo Chacon (CRC)	1:48:46
56.	Jarrod Shoemaker (USA)	1:48:54
57.	Jose Tovar (ESP)	1:49:12
58.	Arturo Garza (MEX)	1:49:31
59.	Ran Alterman (ISR)	1:49:38
60.	David Dellow (AUS)	1:50:10
61.	Clark Ellice (NZL)	1:50:10
62.	Erhard Wolfaardt (RSA)	1:50:17
63.	Vladimir Turbaevskiy (RUS)	1:50:22
64.	Tamas Liptak (HUN)	1:50:23
65.	Kyle Jones (CAN)	1:51:13
66.	Hiroyuki Nishiuchi (JPN)	1:51:30
67.	Yiming Zhang (CHN)	1:51:44
68.	Gabriel Rojas (VEN)	1:54:49

2007 Hamburg BG Triathlon World Championships
U23 Women Results (Olympic Distance)

1.	Lisa Norden (SWE)	2:01:24
2.	Jasmine Oeinck (USA)	2:02:15
3.	Renata Koch (HUN)	2:02:40
4.	Rosie Clarke (GBR)	2:02:45
5.	Anastasiya Yatsenko (RUS)	2:03:43
6.	Keiko Tanaka (JPN)	2:03:49
7.	Kathrin Müller (GER)	2:04:07
8.	Kelly Bruce (NZL)	2:04:21
9.	Samantha Beenie (AUS)	2:04:54
10.	Camille Cierpik (FRA)	2:05:02
11.	Jacqui Seebold (NZL)	2:05:09
12.	Inna Tsyganok (UKR)	2:05:19
13.	Paulina Kotfica (POL)	2:05:43
14.	Justine Whipple (USA)	2:06:18
15.	Tamara Toubazis (SUI)	2:06:26
16.	Barbara Clemente (POR)	2:06:35
17.	Barbara Riveros Diaz (CHI)	2:06:46
18.	Nuria Miro (ESP)	2:06:51
19.	Alia Cardinale Villalobos (CRC)	2:07:10
20.	Lydia Waldmüller (AUT)	2:07:22
21.	Yayoi Ito (JPN)	2:07:32
22.	Maiko Ota (JPN)	2:07:49
23.	Sarah Bryant (NZL)	2:07:55
24.	Jennifer Spieldenner (USA)	2:08:16
25.	Hideko Kikuchi (JPN)	2:08:42
26.	Corinne Berg (RSA)	2:09:15
27.	Na-Eun Nam (KOR)	2:09:28
28.	Kimbeley Fui Li Yap (MAS)	2:09:38
29.	Jeanne Collonge (FRA)	2:09:38
30.	Ewa Komander (POL)	2:13:10

2007 Hamburg BG Triathlon World Championships
U23 Men Results (Olympic Distance)

1.	Gregor Buchholz (GER)	1:49:31
2.	Brendan Sexton (AUS)	1:49:33
3.	Ivan Vasiliev (RUS)	1:49:40
4.	Ritchie Nicholls (GBR)	1:49:44
5.	Sebastian Rank (GER)	1:49:46
6.	Thomas Springer (GER)	1:49:59
7.	David Hauss (FRA)	1:50:00
8.	Helge Mütschard (GER)	1:50:31
9.	Alexander Brukhankov (RUS)	1:50:36
10.	Charles Rusterholz (SUI)	1:51:00
11.	Piotr Grzegorzek (POL)	1:51:02
12.	Will Curtayne (NZL)	1:51:08
13.	Premysl Svarc (CZE)	1:51:14
14.	Dan Wilson (AUS)	1:51:20
15.	Ivan Tutukin (RUS)	1:51:24
16.	Alberto Casadei (ITA)	1:51:28
17.	Joao Pereira (POR)	1:51:35
18.	Marc Geerts (BEL)	1:51:40
19.	Alberto Alessandroni (ITA)	1:51:45
20.	Martin Van Barneveld (NZL)	1:51:49
21.	Jan Van Berkel (SUI)	1:52:13
22.	Boris Dessenoix (FRA)	1:52:17
23.	Massimo De Ponti (ITA)	1:52:20
24.	Kevin Collington (USA)	1:52:23
25.	Marc-Iwan De Kaenel (SUI)	1:52:35
26.	Simon De Cuyper (BEL)	1:52:43
27.	Pierre Guivarch (FRA)	1:52:47
28.	Filip Szolowski (POL)	1:52:52
29.	Paul Reitmayr (AUT)	1:52:54
30.	Aron Rudolf (SUI)	1:53:11
31.	Matthew Seymour (USA)	1:53:13
32.	Stefan Podany (AUT)	1:53:15
33.	Igor Amorelli (BRA)	1:53:16
34.	Erik Strand (SWE)	1:53:24

U23 M

Junior W

Junior M

W18

35.	Edo Van der Meer (NED)	1:53:35
36.	Jaroslav Pejsar (CZE)	1:53:42
37.	Tony Dodds (NZL)	1:53:46
38.	Alfred Torok (HUN)	1:53:47
39.	Jose Miguel Perez (ESP)	1:53:54
40.	Akos Vanek (HUN)	1:54:39
41.	Yuichi Hasegawa (JPN)	1:54:43
42.	Oleksiy Syutkin (UKR)	1:55:20
43.	Leonardo Saucedo (MEX)	1:55:22
44.	John Dahlz (USA)	1:55:22
45.	Ethan Brown (USA)	1:56:01
46.	Yegor Martynenko (UKR)	1:56:04
47.	Luc Van Es (NED)	1:56:27
48.	Attila Fecskovics (HUN)	1:56:34
49.	Jens Toft (DEN)	1:56:53
50.	Crisanto Grajales (MEX)	1:57:11
51.	Anastasios Dovanas (GRE)	1:57:13
52.	Phillip Graves (GBR)	1:57:17
53.	Roman Bauer (KAZ)	1:57:23
54.	Ilias Xanthos (GRE)	1:57:39
55.	Artem Mikheev (UZB)	1:58:08
56.	Oscar David Preciado (COL)	1:58:20
57.	Matija Lukina (CRO)	1:58:26
58.	Gordan Petkovic (CRO)	1:58:35
59.	Tomoyuki Ono (JPN)	1:58:42
60.	Aslan Abdrakhmanov (KAZ)	1:59:22
61.	Nayden Tsankov (BUL)	1:59:50
62.	Medhi Essadiq (ITU)	2:00:35
63.	David Graham (IRL)	2:03:40

2007 Hamburg BG Triathlon World Championships
Junior Women Results (Sprint Distance)

1.	Hollie Avil (GBR)	0:59:43
2.	Ashleigh Gentle (AUS)	0:59:54
3.	Rebecca Robisch (GER)	1:00:10
4.	Yuliya Yelistratova (UKR)	1:00:36
5.	Zsofia Toth (HUN)	1:00:43
6.	Paula Findlay (CAN)	1:00:52
7.	Kirsty McWilliam (GBR)	1:00:55
8.	Charlotte Morel (FRA)	1:00:59
9.	Anja Knapp (GER)	1:01:08
10.	Zsofia Kovacs (HUN)	1:01:12
11.	Marianne Hogan (CAN)	1:01:16
12.	Nao Yamamoto (JPN)	1:01:21
13.	Mariana Costa (POR)	1:01:24
14.	Wencke Stoltz (GER)	1:01:25
15.	Yuko Takahashi (JPN)	1:01:27
16.	Emmie Charayron (FRA)	1:01:36
17.	Sarah Fladung (GER)	1:01:43
18.	Courtney Dutton (AUS)	1:01:44
19.	Ruth Gris (MEX)	1:01:48
20.	Song-Nan Lee (KOR)	1:01:49
21.	Ashley Finaghty (ZIM)	1:01:53
22.	Ana Ferreira (POR)	1:01:55
23.	Szandra Szalay (HUN)	1:02:06
24.	Emma Jackson (AUS)	1:02:08
25.	Agnieszka Jerzyk (POL)	1:02:15
26.	Jodie Stimpson (GBR)	1:02:17
27.	Hee Joo Kim (KOR)	1:02:20
28.	Aoi Kuramoto (JPN)	1:02:28
29.	Sarah-Anne Brault (CAN)	1:02:36
30.	Gabriela Bolaños (GUA)	1:02:38
31.	Celine Schärer (SUI)	1:02:59
32.	Annamaria Mazzetti (ITA)	1:03:04
33.	Erica Facchin (ITA)	1:03:13
34.	Agnieszka Cieslak (POL)	1:03:24
35.	Ji Yeon Kim (KOR)	1:03:41
36.	Nicola McKay (NZL)	1:03:42
37.	Anna Burova (RUS)	1:03:47
38.	Vicky Van Der Merwe (RSA)	1:03:56
39.	Liubov Ivanovskaya (RUS)	1:04:02
40.	Viktoriia Kachan (UKR)	1:04:07
41.	Katerina Lhotova (CZE)	1:04:09
42.	Annika Fangmann (NED)	1:04:23
43.	Monica Vargas (MEX)	1:04:31
44.	Carolina Pereira (BRA)	1:04:39
45.	Verônica Martins (BRA)	1:04:47
46.	Hana Kolarova (CZE)	1:04:48
47.	Sarissa De Vries (NED)	1:04:49
48.	Katerina Dudkova (CZE)	1:05:16
49.	Tracey Steens (NZL)	1:05:17
50.	Ofelia Arriaga (GUA)	1:05:31
51.	Megan Lapeta (USA)	1:05:48
52.	Carlyn Fischer (RSA)	1:06:10
53.	Greta Horvath (HUN)	1:06:44
54.	Elena Selezneva (RUS)	1:07:25
55.	Kathryn Ross (USA)	1:08:17
56.	Maria Luisa Valerio (MEX)	1:08:26
57.	Joana Marques (POR)	1:09:10
58.	Maria Cristina Amador (GUA)	1:09:30
59.	Andreina Davila (VEN)	1:10:33

2007 Hamburg BG Triathlon World Championships
Junior Men Results (Sprint Distance)

1.	Aurélien Raphael (FRA)	0:53:43
2.	Alistair Brownlee (GBR)	0:54:09
3.	Vincent Luis (FRA)	0:54:14
4.	Artem Parienko (RUS)	0:54:31
5.	Denis Vasiliev (RUS)	0:54:40
6.	Joshua Amberger (AUS)	0:54:46
7.	Giulio Molinari (ITA)	0:54:50
8.	Joao Silva (POR)	0:54:59
9.	Etienne Diemunsch (FRA)	0:55:01
10.	Samuel Betten (AUS)	0:55:11
11.	Alessandro Fabian (ITA)	0:55:13
12.	Gregory Billington (USA)	0:55:16
13.	Joshua Maeder (AUS)	0:55:19
14.	Ben Hoetjes (NZL)	0:55:22
15.	Jonathon Brownlee (GBR)	0:55:25
16.	José Estrangeiro (POR)	0:55:31
17.	Jos Hoetjes (NZL)	0:55:34
18.	Aaron Harris (GBR)	0:55:36
19.	Franz Löschke (GER)	0:55:39
20.	Ryan Sissons (NZL)	0:55:55
21.	Frantisek Kubinek (CZE)	0:56:02
22.	Dmitry Rostyagaev (RUS)	0:56:08
23.	Gabor Faldum (HUN)	0:56:16
24.	Christopher Hettich (GER)	0:56:23
25.	Willy Pickhardt (USA)	0:56:23
26.	Rasmus Petræus (DEN)	0:56:30
27.	Yannick Lieners (LUX)	0:56:35
28.	Tamás Tóth (HUN)	0:56:36
29.	Andrea Secchiero (ITA)	0:56:36
30.	Ju-Suk Kim (KOR)	0:56:38
31.	Andrew Yorke (CAN)	0:56:57
32.	Andrea Salvisberg (SUI)	0:57:01
33.	Jedrzej Przybylski (POL)	0:57:02
34.	Kohei Tsubaki (JPN)	0:57:04
35.	Joe Miller (LUX)	0:57:11
36.	Rodrigo Gonzalez (MEX)	0:57:12
37.	Ognjen Stojanovic (SRB)	0:57:13
38.	Carlos Javier Quinchara (COL)	0:57:14
39.	Ryota Utsunomiya (JPN)	0:57:16
40.	Ben Steavenson (USA)	0:57:17
41.	Luciano Taccone (ARG)	0:57:26
42.	Lesly Derks (NED)	0:57:27
43.	Federico Oliva (ARG)	0:57:32
44.	Thomas John (GER)	0:57:34
45.	Andres Cabascango (ECU)	0:57:36
46.	Lukas Tomasek (CZE)	0:57:37
47.	Oleksiy Shcherbina (UKR)	0:57:38
48.	Junior Heffernan (IRL)	0:57:38
49.	Viktor Aloshyn (UKR)	0:57:38
50.	Sung-Geun Shin (KOR)	0:57:39
51.	Jason Wilson (BAR)	0:57:40
52.	Matia Milovan (CRO)	0:57:45
53.	Vasyl Makedon (UKR)	0:57:51
54.	Ho King Fun (HKG)	0:58:05
55.	Tim Dullaart (NED)	0:58:12
56.	Miguel Arraiolos (POR)	0:58:13
57.	Felipe Barraza (CHI)	0:58:14
58.	Alex Holst (LUX)	0:58:22
59.	Janis Arsts (LAT)	0:58:37
60.	César Cárdenas (MEX)	0:58:37
61.	Joao Alfredo Morgado (BRA)	0:58:52
62.	Wikus Weber (RSA)	0:59:03
63.	Ivo Maric (CRO)	0:59:04
64.	Shun Kudo (JPN)	0:59:17
65.	Carlos Fischer (VEN)	1:00:01
66.	Matheus Diniz (BRA)	1:00:07
67.	Ivan Lo Ching Hin (HKG)	1:00:18
68.	Connor Hammond (CAN)	1:00:40
69.	Filip Dragolov (BUL)	1:00:43
70.	Theo Blignaut (RSA)	1:00:47
71.	Jan Otto (SUI)	1:01:29
72.	Fabian Flores (GUA)	1:01:46
73.	Abraham Castellanos (MEX)	1:01:47
74.	Kenez Bogdany (HUN)	1:02:16
75.	Juris Bensons (LAT)	1:02:46
76.	Gerardo Vergara (GUA)	1:03:02
77.	Amit Fein (ISR)	1:03:16
78.	Roberto Vado (CRC)	1:03:51

2007 Hamburg BG Triathlon World Championships
Age Group Results (Olympic Distance)

W18

1.	Rebecca Milnes (GBR)	2:17:31
2.	Abbey Norman (USA)	2:20:37
3.	Ashley Morgan (USA)	2:25:20
4.	Rebecca Grant (NZL)	2:26:36
5.	Kristin Donahue (USA)	2:28:26
6.	Tabea Bößenecker (GER)	2:33:51
7.	Jessica Yurchich (USA)	2:34:38
8.	Patricia Bueno (ESP)	2:36:09
9.	Mary Preble (USA)	2:38:24
10.	Rebecca Law (NZL)	2:44:06
11.	Heide-Mari Meiring (RSA)	2:44:27
12.	Nora Borocz (HUN)	2:51:57
13.	Anita Demczuk (CAN)	2:54:48

W20

1.	Svenja Bazlen (GER)	2:14:14
2.	Leah Larson (USA)	2:15:23
3.	Katie Ellis (USA)	2:15:29

4.	Sarah Crowley (AUS)	2:16:08
5.	Ana Rosa Paredes (MEX)	2:18:14
6.	Rachel Stoakes (GBR)	2:18:23
7.	Anne Haug (GER)	2:18:43
8.	Carla Germishuys (RSA)	2:19:00
9.	Brooke Niven (AUS)	2:19:03
10.	Mignon Vatlach (GER)	2:20:18
11.	Jacqueline Slack (GBR)	2:20:20
12.	Nadine Scheck (SUI)	2:21:48
13.	Barbara Bonola (MEX)	2:21:49
14.	Nicole Schneider (GER)	2:22:03
15.	Kathryn Lester (NZL)	2:23:09
16.	Michelle Wu (AUS)	2:23:14
17.	Chika Sato (JPN)	2:23:15
18.	Iina-Kristin Schink (GER)	2:23:18
19.	Ellie Debenham (GBR)	2:23:45
20.	Johanna Schicker (GER)	2:23:50
21.	Ana Tere Ransanz (MEX)	2:23:53
22.	Martina Wan (CAN)	2:24:13
23.	Inge Rörsch (GER)	2:24:24
24.	Clare Goodwin (NZL)	2:24:34
25.	Jodie Spottiswood (AUS)	2:24:53
26.	Yana Barcik Glaser (BRA)	2:25:02
27.	Tegan Smith (AUS)	2:25:21
28.	Mhairi Muir (GBR)	2:25:25
29.	Heather Hozack (AUS)	2:25:28
30.	Brenda Hernandez (MEX)	2:26:00
31.	Heidi Hyvärinen (FIN)	2:26:04
32.	Alice Weaver (NZL)	2:26:05
33.	Stacie-Jo Wellsbury (GBR)	2:26:09
34.	Renee Holtom (NZL)	2:26:17
35.	Yvonne Fiedler (GER)	2:26:17
36.	Georgie Rutherford (GBR)	2:26:24
37.	Ilana Boon (NZL)	2:26:56
38.	Linzie Hebert (USA)	2:27:35
39.	Katharina Paulus (GER)	2:27:37
40.	Ashley Erickson (USA)	2:27:44
41.	Tanya Dromgool (NZL)	2:29:03
42.	Anna-Lena Schlott (GER)	2:29:11
43.	Anna Aurik (NZL)	2:29:14
44.	Janina Swetlik (GER)	2:29:19
45.	Nicola Parker (GBR)	2:29:25
46.	Scarlet Vatlach (GER)	2:30:07
47.	Michelle Vesterby (DEN)	2:30:24
48.	Maya Chollet (SUI)	2:30:28
49.	Tegan Owens (CAN)	2:31:16
50.	Diana Medina (MEX)	2:31:19
51.	Carla Molinaro (GBR)	2:31:40
52.	Carolin Schiff (GER)	2:31:40
53.	Jalme Cilliers (RSA)	2:31:53
54.	Samantha Mazer (CAN)	2:32:55
55.	Elisabeth Brama (GER)	2:32:59
56.	Adriana Garcia (MEX)	2:33:03
57.	Elysia Ridley (GBR)	2:33:06
58.	Rebeca Falconi (BRA)	2:33:37
59.	Juliane Lynch (CAN)	2:34:05
60.	Shailie Sanbrooks (CAN)	2:36:33
61.	Anita Marquart (GER)	2:37:29
62.	Laura Elisabeth Espenhain (DEN)	2:37:54
63.	Victoria Burrows (GBR)	2:37:59
64.	Gina Denczuk (CAN)	2:38:19
65.	Elizabeth Burrows (GBR)	2:38:24
66.	Joyce Chiang (CAN)	2:38:32
67.	Carmen Valerius (GER)	2:38:37
68.	Daniela Frank (GER)	2:39:46
69.	Marizel Swanepoel (RSA)	2:41:03
70.	Diana Steffenhagen (GER)	2:41:39
71.	Cornelia Zumpe (GER)	2:42:01
72.	Didi Baxter (IRL)	2:42:50
73.	Nicola Gray (NZL)	2:44:19
74.	Bruna Saglietti Mahn (BRA)	2:44:27
75.	Jennifer Sauks (CAN)	2:44:28
76.	Lucy Kennon (AUS)	2:45:09
77.	Claudia Rex (GER)	2:45:45
78.	Anna Sykes-Brown (GBR)	2:46:20
79.	Nina Menz (GER)	2:47:35
80.	Tracey Gardiner (RSA)	2:50:05
81.	Kristin Jakubowski (USA)	2:52:53
82.	Sara Kaute (GER)	2:56:50
83.	Gabriela Cortes (MEX)	2:57:39
84.	Jennifer Göhr (GER)	3:05:11
85.	Stephanie Lean (AUS)	3:05:11

W25

1.	Rachel McBride (CAN)	2:15:32
2.	Sophie Hawken (AUS)	2:15:48
3.	Emma-Kate Lidbury (GBR)	2:15:50
4.	Felicity Hart (GBR)	2:16:05
5.	Katrin Esefeld (GER)	2:16:10
6.	Kelly Jarrett (AUS)	2:17:12
7.	Emily Bright (GBR)	2:18:56
8.	Nicole Cattanach (AUS)	2:19:07
9.	Louise Collins (GBR)	2:19:21
10.	Jocelyn Petrella (USA)	2:20:02
11.	Beth Shutt (USA)	2:21:02
12.	Kate Grattan (AUS)	2:21:04
13.	Louise Kelly (GBR)	2:21:07
14.	Verena Walter (GER)	2:22:05
15.	Anne Ludvigsen (DEN)	2:22:06
16.	Mary Miller (USA)	2:22:42
17.	Gitte Hartmann Rømer (DEN)	2:22:45
18.	Cassandra Percival (AUS)	2:23:18
19.	Lisa Müller-Ott (GER)	2:23:23
20.	Suzanne Snyder (USA)	2:23:33
21.	Lisa Whidden (USA)	2:23:52
22.	Rosalie Filiatrault-Wiersma (CAN)	2:24:13
23.	Bettina Zelenka (AUT)	2:25:08
24.	Jacqueline Kelly (AUS)	2:25:22
25.	Kerry McGawley (GBR)	2:25:59
26.	Susan Dietrich (GER)	2:26:11
27.	Natalie Creswick (GBR)	2:26:30
28.	Dani Winker (GBR)	2:27:00
29.	Swantje Friedrich (GER)	2:27:18
30.	Sonia Povey (GBR)	2:27:54
31.	Rebekka Trukenmüller (GER)	2:28:03
32.	Kelly-Lynn O Toole (CAN)	2:28:32
33.	Meghan Newcomer (USA)	2:29:04
34.	Manuela Dierkes (GER)	2:29:21
35.	Nadine Kaiser (GER)	2:29:41
36.	Lucy Hillmann (GBR)	2:30:00
37.	Sarah Louw (RSA)	2:30:01
38.	Lyndall Hillbrich (AUS)	2:30:12
39.	Rachel Rayner (AUS)	2:30:12
40.	Grit Freiwald (GER)	2:30:44
41.	Johanna Kleber (GER)	2:31:54
42.	Sabine Rudo (GER)	2:32:06
43.	Helen Buley (RSA)	2:32:07
44.	Janine Kaiser (GER)	2:32:11
45.	Keira Eva Mooney (IRL)	2:32:55
46.	Roberta Dionello (GBR)	2:32:59
47.	Karen Hallas (GBR)	2:33:38
48.	Gudula Heins (GER)	2:33:57
49.	Anja Heimann (GER)	2:34:00
50.	Lauren Jones (AUS)	2:34:01
51.	Mette Nielsen (DEN)	2:34:35
52.	Janina Kuehn (NZL)	2:35:06
53.	Carrine Green (GBR)	2:35:13
54.	Jennifer Zawacki (CAN)	2:35:16
55.	Kirsten Sinclair (GBR)	2:35:18
56.	Katie Kennon (GBR)	2:35:36
57.	Elena Lugo (MEX)	2:35:40
58.	Jacqueline Larken (RSA)	2:35:54
59.	Jane Jones (GBR)	2:36:11
60.	Stephanie Bina (HKG)	2:36:19
61.	Esther Leal (ESP)	2:36:27
62.	Stine Moellebro (DEN)	2:36:41
63.	Jutta Weßling (GER)	2:37:49
64.	Mandy Hubbard (RSA)	2:38:17
65.	Mayalen Noriega (MEX)	2:38:23
66.	Caylee Wasilenko (CAN)	2:39:26
67.	Regina Dahl (GER)	2:39:29
68.	Sharon Dolan-Galvin (IRL)	2:39:54
69.	Shelley McIvor (GBR)	2:40:02
70.	Amy Bainbridge (AUS)	2:40:37
71.	Sian Cooper (RSA)	2:41:29
72.	Rebecca Fondermann (GER)	2:41:39
73.	Adela Lopez (MEX)	2:42:04
74.	Tina Frauendorf (GER)	2:43:23
75.	Gertrud Wiedemann (GER)	2:43:24
76.	Ulrike Jaudzims (GER)	2:43:48
77.	Valerie Fenton (IRL)	2:44:25
78.	Penka Vogelmann (GER)	2:45:29
79.	Danielle Welsh (AUS)	2:45:52
80.	Maria Strein (GER)	2:46:22
81.	Annika Bremer (GER)	2:48:01
82.	Guadalupe Cervantes (MEX)	2:48:42
83.	Heike Timm (GER)	2:49:05
84.	Kylie Gaffel (AUS)	2:49:41
85.	Sandra Gottschalk (GER)	2:52:33
86.	Lisa Burke (IRL)	3:00:12
87.	Kathy Grassick (IRL)	3:04:28
88.	Laura Flanagan (CAN)	3:08:40

W20

W30

1.	Lotte Branigan (DEN)	2:15:33
2.	Katherine Anton (NZL)	2:17:18
3.	Caroline Walden (USA)	2:18:46
4.	Daniela Martens (GER)	2:20:05
5.	Kerstin Lüken (GER)	2:20:21
6.	Rhian Roxburgh (GBR)	2:20:39
7.	Kym Jaenke (AUS)	2:21:02
8.	Jill Parker (GBR)	2:21:34
9.	Simone Aumann (GER)	2:21:48
10.	Elizabeth Bullivant (GBR)	2:21:56
11.	Erin Reed (USA)	2:22:08
12.	Tracy Cook (GBR)	2:23:05
13.	Silke Neumann (GER)	2:25:15
14.	Anja Petter (GER)	2:25:22
15.	Grace Chillingworth (GBR)	2:25:50
16.	Jessica Adams (GBR)	2:25:53
17.	Susan Blackett (GBR)	2:25:58
18.	Nicole Kons (GER)	2:26:29
19.	Marisa Rastetter (USA)	2:26:54
20.	Esther Evans (GBR)	2:27:05
21.	Rachel Rodriguez (USA)	2:27:14
22.	Rachael Dacy (AUS)	2:27:21
23.	Suzanne Hilton (GBR)	2:28:04
24.	Liz Pinches (GBR)	2:28:14
25.	Janine Sax (NZL)	2:28:27
26.	Nicola Gregory (AUS)	2:28:50
27.	Karen Hathway (GBR)	2:29:01
28.	Kelley Toy (NZL)	2:29:22
29.	Andrea Ortiz (MEX)	2:29:25
30.	Julia Purrington (USA)	2:29:41
31.	Claudia Borchers (GER)	2:29:42
32.	Barbara Petryshen (CAN)	2:29:47
33.	Esther Buurman (NED)	2:30:10
34.	Meike Maurer (GER)	2:30:12
35.	Ilenia Monno (ITA)	2:30:15
36.	Tannille Stickley (CAN)	2:30:36
37.	Lucia Kühner (GER)	2:30:55
38.	Joelie Chisholm (AUS)	2:31:25
39.	Kylie Magrath (AUS)	2:31:56
40.	Kate Murphy (AUS)	2:32:17
41.	Marina Klemm (GER)	2:32:18
42.	Anne Garton (AUS)	2:32:41
43.	Jane Fox (NZL)	2:32:48
44.	Tatjana Ivanova (GER)	2:33:24
45.	Kylie Bernoth (AUS)	2:33:32
46.	Christine Hughes (AUS)	2:34:21
47.	Cathérine Wegener (GER)	2:34:37
48.	Jennifer Ryan (AUS)	2:34:54
49.	Yvette Velleman (RSA)	2:35:12
50.	Josephine Perry (GBR)	2:35:25
51.	Katrina Geyer (AUS)	2:35:31
52.	Elke Böhm (GER)	2:35:35
53.	Kelly Crickmore (GBR)	2:36:36
54.	Fiona Morrissey (IRL)	2:37:17
55.	Ulrike Petersen (GER)	2:37:28
56.	Fiona Lawrence (GBR)	2:37:51
57.	Helga Caballero (MEX)	2:37:57
58.	Lizzie Gibson (AUS)	2:38:39
59.	Stephanie Weber (GER)	2:38:47
60.	Mariana Solorzano (MEX)	2:38:52
61.	Rebecca Innes-Jones (NZL)	2:38:55
62.	Linda Nyberg (SWE)	2:40:02
63.	Deborah Meghen (IRL)	2:40:11
64.	Julia Nieke (GER)	2:40:55
65.	Beatrice Probst (GER)	2:41:24
66.	Melissa Arkinstall (GBR)	2:41:57

W25

W30

W40

W45

#	Name	Time
67.	Elvira Stromback (AUS)	2:43:51
68.	Alice Dahan (ISR)	2:45:06
69.	Elaina Franklin (GBR)	2:46:25
70.	Ailbhe Healy (IRL)	2:47:31
71.	Pamela Buttifant (GBR)	2:47:40
72.	Nana Morimoto (JPN)	2:48:02
73.	Anja Hippmann (GER)	2:49:58
74.	Emer McCarron (IRL)	2:51:28
75.	Caroline Wills (RSA)	2:52:16
76.	Katharina Nagel (GER)	2:52:54
77.	Karen Graham (IRL)	2:54:41
78.	Inés Calle Lambach (GER)	2:55:14
79.	Judith Anyango-Schlang (KEN)	2:57:59
80.	Erika Pollock (USA)	3:18:24
81.	Celine McPhillips (IRL)	3:24:59

W35

#	Name	Time
1.	Alicia Parr (USA)	2:17:49
2.	Sophie Whitworth (GBR)	2:20:41
3.	Stacey Richardson (USA)	2:21:08
4.	Helen Smith (GBR)	2:21:33
5.	SanMari Woithe (RSA)	2:22:39
6.	Shona Forrest (GBR)	2:23:10
7.	Caroline Smith (USA)	2:23:31
8.	Rahel Bellinga (NED)	2:24:42
9.	Jeannie Samson (USA)	2:25:19
10.	Kellie Williams (AUS)	2:27:45
11.	Raili Filion (USA)	2:28:11
12.	Nicola King (GBR)	2:28:43
13.	María José Encinas (ESP)	2:29:09
14.	Rebecca Werneck Stephenson (BRA)	2:29:09
15.	Lykke Krarup (DEN)	2:29:22
16.	Tracy Hogan (USA)	2:29:26
17.	Monique Lance (USA)	2:30:33
18.	Kai Sachtleber (GER)	2:31:17
19.	Francoise Hanlon (GBR)	2:31:55
20.	Michele Clement (AUS)	2:32:04
21.	Simone Hakenberg (NED)	2:32:13
22.	Susi Eger (GER)	2:32:35
23.	Samantha Boswell (GBR)	2:32:41
24.	Elisabetta Stampi (ITA)	2:33:27
25.	Virginia Turner (USA)	2:33:42
26.	Kim Fabian (CAN)	2:33:56
27.	Heather Westerman (USA)	2:33:56
27.	Vicki Wade (GBR)	2:33:56
29.	Elizabeth Sinclair (AUS)	2:34:20
30.	Gabriele Hentschke (GER)	2:34:54
31.	Christina Lehmann (GER)	2:35:04
32.	Karen Burks (USA)	2:35:14
33.	Aurora Leon (MEX)	2:35:16
34.	Katrin Lange (GER)	2:35:34
35.	Chantal Crowe (GBR)	2:35:38
36.	Natalie Titman (AUS)	2:35:41
37.	Nicole Walker-Olberding (GER)	2:35:46
38.	Coralie Glaunes (GBR)	2:35:56
39.	Simone Frank (GER)	2:36:45
40.	Isabell Ahrens (GER)	2:37:14
41.	Hanlie Groenevald (RSA)	2:37:30
42.	Vidina Cabrera-Otten (GER)	2:37:41
43.	Hilary Jenkinson (IRL)	2:38:24
44.	Stephanie Narbeth (GBR)	2:38:30
45.	Lucy Jones (GBR)	2:38:35
46.	Susanne Hoßfeld (GER)	2:38:36
47.	Edel O Relly (IRL)	2:39:42
48.	Marisa Ferraris (RSA)	2:39:49
49.	Tracy Parker (USA)	2:40:14
50.	Clare Morrall (GRN)	2:40:45
51.	Berit Ralfs (GER)	2:43:33
52.	Claudia Wunderlich (GER)	2:44:03
53.	Kate Lander (GBR)	2:44:47
54.	Kellie Langley (AUS)	2:45:26
55.	Maria Danfelter (SWE)	2:45:37
56.	Koya Marney (AUS)	2:46:06
57.	Heather Enns (CAN)	2:46:07
58.	Sarah Stewart (GBR)	2:46:10
59.	Lonnie Kjellerup Andersen (DEN)	2:46:15
60.	Anke Brinkmann (GER)	2:46:52
61.	Anja Suckstorff (GER)	2:47:26
62.	Christiane Wittenberg-Zimmer (GER)	2:47:58
63.	Frauke Czekay (GER)	2:48:30
64.	Jodie Ball (AUS)	2:49:06
65.	Rachel Lightfoot (GBR)	2:49:24
66.	Nicole Parrer (AUT)	2:50:08
67.	Catherine Liversidge (GBR)	2:50:58
68.	Meike Hoffmeister (GER)	2:53:01
69.	Lizel Potgieter (RSA)	2:53:14
70.	Sandra Straßberger (GER)	2:53:20
71.	Mirella Holper (GER)	2:53:30
72.	Gabrielle Dillon (IRL)	2:55:41
73.	Stacey Eccles (GBR)	2:55:44
74.	Patricia Glassey (GBR)	2:57:06
75.	Shirley Rocha Magalhaes Caminha (BRA)	2:58:22
76.	Sarah Martin (AUS)	2:59:26
77.	Elisabeth Piras Trombi (ITA)	2:59:38
78.	Liane Shannon-Dillon (AUS)	2:59:53
79.	Tatjana von Glahn (GER)	3:01:48
80.	Kim Mason (AUS)	3:07:30
81.	Patricia Roe (IRL)	3:07:51
82.	Justine Mcnicol (AUS)	3:12:05
83.	Swantje Steudte (GER)	3:19:13

W40

#	Name	Time
1.	Ruth Hutton (GBR)	2:19:10
2.	Lyndsey Clapperton (CAN)	2:21:40
3.	Marion Waid (GER)	2:21:55
4.	Juliet Vickery (GBR)	2:22:15
5.	Dörte Siebke (GER)	2:23:17
6.	Steph Popelar (USA)	2:23:29
7.	Donna James (GBR)	2:24:03
8.	Katjana Quest-Altrogge (GER)	2:24:21
9.	Kerry Simmons (USA)	2:24:32
10.	Gail Merrien (GBR)	2:24:39
11.	Carol Wilke (USA)	2:24:50
12.	Lisa Colvin (USA)	2:27:40
13.	Lisa Marshall (USA)	2:28:19
14.	Jeanette Shelow-MacDougall (USA)	2:29:24
15.	Stacy Dannels (USA)	2:29:27
16.	Robyn Passander (USA)	2:29:59
17.	Jacqueline White (ITA)	2:31:04
18.	Ann Knights (GBR)	2:31:13
19.	Dorothée Steinborn (GER)	2:31:21
20.	Nina French (GBR)	2:32:13
21.	Monica Ferrari (ITA)	2:32:18
22.	Paula Dewar (GBR)	2:33:03
23.	Brenda Simril (USA)	2:33:08
24.	Debbie McMahon (GBR)	2:33:19
25.	Loretta Sollars (GBR)	2:33:33
26.	Jill Pattison (AUS)	2:33:43
27.	Martina Stoiber (GER)	2:33:51
28.	Michelle Ford (GBR)	2:33:53
29.	Daniela Cramer (GER)	2:34:11
30.	Martina Hausmann (GER)	2:34:48
31.	JoAnna Younts (USA)	2:35:03
32.	Claire Chapman (GBR)	2:35:09
33.	Nicola Lange (GER)	2:35:34
34.	Birgit Bachmann-Götzer (GER)	2:35:43
35.	Britta Wiesmann (GER)	2:36:07
36.	Susan Hausfeld-Moote (CAN)	2:36:09
37.	Margo Fraser (CAN)	2:36:26
38.	Shevaun Fennell (USA)	2:36:46
39.	Simone Brücher (GER)	2:36:56
40.	Elizabeth Scott (GBR)	2:37:08
41.	Aimee Lopez (MEX)	2:38:08
42.	Gudrun Hansen (GER)	2:39:39
43.	Lisa Wells (GBR)	2:39:44
44.	Claudia Philippzig (GER)	2:39:52
45.	Fiona Love (GBR)	2:40:03
46.	Mabel Arellano (MEX)	2:40:48
47.	Constanze Binz (GER)	2:41:04
48.	Sadie Murphy (GBR)	2:42:14
49.	Britt Günther (GER)	2:42:25
50.	Petra Seeberg (GER)	2:42:28
51.	Alisa Brownlee (CAN)	2:42:37
52.	Sara Riley (GBR)	2:42:41
53.	Gritta Neumann (GER)	2:43:14
54.	Linda Breekveldt (NZL)	2:43:16
55.	Kirstin Sommer (GER)	2:44:37
56.	Regina Kippenberger (GER)	2:45:19
57.	Dagmar Buschbeck (GER)	2:45:26
58.	Geraldine Howard (GBR)	2:45:31
59.	Cristina Ibañez (MEX)	2:46:04
60.	Christine Jackson (GBR)	2:46:17
61.	Christine Marin (FRA)	2:47:08
62.	Kerstin Amendy (GER)	2:48:14
63.	Andrea Haupt (GER)	2:48:29
64.	Michelle O Toole (AUS)	2:51:15
65.	Carolin Feigenspan (GER)	2:51:49
66.	Anett Kraus (GER)	2:52:32
67.	Francoise Schütz (SUI)	2:52:44
68.	Janine O Keefe (CAN)	2:54:08
69.	Annett Haselbach (GER)	2:54:18
70.	Emma Keys (GBR)	2:55:48
71.	Pamela Ruhm (GER)	2:59:46
72.	Fiona O Reilly (IRL)	3:01:13
73.	Sharon Clark (CAN)	3:01:20
74.	Suzie du Plessis (RSA)	3:03:45
75.	Christianne Barbosa Stegmann (BRA)	3:30:14

W45

#	Name	Time
1.	Viv Williams (RSA)	2:24:45
2.	Annie Carrino (USA)	2:25:19
3.	Janet Ferguson (AUS)	2:26:21
4.	Penny Rother (GBR)	2:26:43
5.	Judyann Cummings (USA)	2:27:21
6.	Robyn Scott (AUS)	2:28:36
7.	Kerstin Sprenger (GER)	2:28:43
8.	Olga Vasilyera (RUS)	2:29:26
9.	Pippa Michaels (GBR)	2:29:46
10.	Ruriko Yajima (JPN)	2:31:17
11.	Ellen Hart (USA)	2:32:10
12.	Susan Webber (AUS)	2:32:21
13.	Alicia Caldwell (USA)	2:32:31
14.	Annette Simmer-Härtl (GER)	2:32:42
15.	Monika Heindl (GER)	2:33:34
16.	Kathleen Johnston (USA)	2:33:39
17.	Sabine Schulz (GER)	2:34:00
18.	Lisa Dunn (USA)	2:34:13
19.	Barbara Kutschbach (AUT)	2:35:08

 W50
 W55
 W60
 W65

#	Name	Time
20.	Leni Hansen (DEN)	2:35:24
21.	Heather Rees (GBR)	2:35:40
22.	Edith Heinrich (GER)	2:36:00
23.	Kathryn Samuelson (USA)	2:36:07
24.	Ruth Isaacs (GBR)	2:36:26
25.	Pegi Wheeler (USA)	2:37:01
26.	Sandra Blenkinsop (GBR)	2:37:20
27.	Janice McCaffrey (CAN)	2:38:04
28.	Gesine Rösner (GER)	2:38:23
29.	Brigitte Schneider (GER)	2:38:46
30.	Kerstin Meier (GER)	2:38:56
31.	Maria Raether (GER)	2:39:33
32.	Geneuieve Church (ITA)	2:39:58
33.	Jan Smeaton (AUS)	2:40:02
34.	Judith Dorta (SUI)	2:40:03
35.	Katrina Kemp (GBR)	2:40:34
36.	Ann Pendred (GBR)	2:40:45
37.	Ute Spicker (GER)	2:41:30
38.	Anna Lovelock (GBR)	2:41:36
39.	Susanne Mortier (GER)	2:42:25
40.	Ingrid Wagmüller (GER)	2:42:36
41.	Lynne Hackett (AUS)	2:42:59
42.	Christiane Ahlke (GER)	2:43:05
43.	Ines Kersten (GER)	2:43:43
44.	Kathrin Kaindl (GER)	2:44:34
45.	Annette Frederking (GER)	2:44:36
46.	Gillian Pilkington (GBR)	2:45:06
47.	Frances Buckley (IRL)	2:45:26
48.	Deborah DiGiuseppe (CAN)	2:46:28
49.	Lynne Griffiths (GBR)	2:46:52
50.	Francesca Wright (GBR)	2:47:59
51.	Karina Clark (CAN)	2:48:35
52.	Petra Harder (GER)	2:48:52
53.	Dorit Westphal (GER)	2:49:50
54.	Gabriele Wieland (GER)	2:50:30
55.	Sue Flemming (CAN)	2:50:45
56.	Liz Clegg (GBR)	2:50:47
57.	Miyuki Emmitt (NZL)	2:52:20
58.	Corinna Jüptner (GER)	2:52:51
59.	Heike Göbel (GER)	2:53:28
60.	Kim Raine (CAN)	2:53:40
61.	Patrizia Rossato (ITA)	2:54:00
62.	Philippa Cockman (GBR)	2:54:56
63.	Kristin - Daniela Loelf (GER)	2:55:23
64.	Ulla Petter (GER)	2:57:53
65.	Sally Ann Scoggins (GBR)	3:00:21
66.	Susanne Fink (GER)	3:02:05
67.	Miranda Harris (GBR)	3:02:37
68.	Margherita Bertoletti (ITA)	3:03:40
69.	Yvonne Rosenqvist (SWE)	3:04:09
70.	Jill Fisher (CAN)	3:04:14
71.	Christiane Kuri (MEX)	3:05:45
72.	Annett Kuck (GER)	3:06:15
73.	Hatsumi Kitazato (JPN)	3:13:54

W50

#	Name	Time
1.	Marijke Zeekant (NED)	2:26:51
2.	Donna Smyers (USA)	2:29:18
3.	Christiane Hofmann (SUI)	2:29:28
4.	Nancy Smith (USA)	2:30:20
5.	Beverley Childs (GBR)	2:30:48
6.	Bridget Dawson (USA)	2:30:57
7.	Elizabeth Bulman (USA)	2:31:14
8.	Margit Bartsch (GER)	2:34:22
9.	Hilly Brönnimann (SUI)	2:35:12
10.	Gabriele Celette (GER)	2:36:12
11.	Ute Zenker-Kiehnlein (GER)	2:37:19
12.	Deborah Cipriano (USA)	2:38:52
13.	Linda Worrall (GBR)	2:39:35
14.	Jane Priddis (GBR)	2:39:58
15.	Christine Buckley (GBR)	2:40:18
16.	Ulla Floer (GER)	2:41:23
17.	Gabi Weiler (GER)	2:41:27
18.	Berenike Gensior (GER)	2:42:22
19.	Ann-Marie Bathmaker (GBR)	2:43:05
20.	Joan Perry (USA)	2:43:22
21.	Beverly Watson (CAN)	2:43:50
22.	Claudia Binner (GER)	2:44:00
23.	Penny Edwards (GBR)	2:44:01
24.	Janice Avery (AUS)	2:44:08
25.	Joan Lennon (GBR)	2:45:32
26.	Sharisse Kyle (CAN)	2:45:38
27.	Jeanne Lappin (USA)	2:46:33
28.	Julie Cook (USA)	2:47:19
29.	Barbara Moll (GER)	2:48:13
30.	Margaret Robinson (USA)	2:48:24
31.	Sarah Greaves (GBR)	2:48:39
32.	Corinne Price (GBR)	2:48:58
33.	Laurie deGrace (CAN)	2:49:04
34.	Terry Latham (USA)	2:49:05
35.	Barbara Cole (GBR)	2:50:33
36.	Karen Wigmore (USA)	2:50:37
37.	Claudia Burkhardt (GER)	2:52:06
38.	Liz Dunlop (GBR)	2:52:16
39.	Lena Malmberg (SWE)	2:54:15
40.	Helen Browne (NZL)	2:55:25
41.	Elaine Wilson (GBR)	2:55:43
42.	Karen Watson (NZL)	2:55:43
43.	Christine Glew (GBR)	2:58:10
44.	Lisa Davis Lewis (USA)	2:58:51
45.	Linda Arthan (GBR)	2:58:56
46.	Anne Cunningham (AUS)	3:01:02
47.	Christina Neidhold (GER)	3:03:45
48.	Frances Greenall (GBR)	3:04:53
49.	Cathy McKibbon (CAN)	3:08:57
50.	Cheryl Wallace (AUS)	3:10:04
51.	Rita Bennink (AUS)	3:11:41
52.	Pam Missenden (GBR)	3:14:33
53.	Martine Buckle (GBR)	3:20:49
54.	Friederun Baudach-Jäger (GER)	3:29:53
55.	Nicky Deane-Simmons (GBR)	3:33:41

W55

#	Name	Time
1.	Julie Kerr (AUS)	2:37:25
2.	Terese van Lare (NED)	2:38:09
3.	Andrena Moore (AUS)	2:40:14
4.	Rita Krombach (LUX)	2:48:42
5.	Gertie Jensen (DEN)	2:49:07
6.	Monika Wille (GER)	2:49:39
7.	Inge Stettner (GER)	2:49:47
8.	Lynnda Best-Wiss (USA)	2:49:53
9.	Senna Madsen (DEN)	2:51:47
10.	Jo Adamson (USA)	2:51:56
11.	Nancy Avitabile (USA)	2:52:01
12.	Wendy Read (GBR)	2:53:00
13.	Jane Leslie (GBR)	2:53:34
14.	Christel Lau (GER)	2:53:45
15.	Edie Heideman (USA)	2:54:21
16.	Claudia Lörsch (GER)	2:56:04
17.	Marlene Fahnemann (GER)	2:57:07
18.	Lena Ehrlenfeldt (SWE)	2:58:26
19.	Jutta Reiche (GER)	2:58:53
20.	Elaine Scott (GBR)	2:59:18
21.	Christel Peters (GER)	3:00:41
22.	Catherine Renaud (USA)	3:02:17
23.	Gesine Hoeft (GER)	3:04:08
24.	Anne Fish (GBR)	3:05:44
25.	Tracy Bremer (GER)	3:08:58
26.	Marie Casey-Breen (IRL)	3:11:03
27.	Ursula Börner (GER)	3:11:57
28.	Diane Walford (GBR)	3:13:11
29.	Andreina Spinetti (ITA)	3:17:57
30.	Terry Dorn (USA)	3:21:37
31.	Margherita Strata (ITA)	3:25:11
32.	Annemarie Mueller de Fernandez (BRA)	3:34:06
33.	Brenda Ryan (CAN)	3:46:22
34.	Franziska Laska (GER)	3:48:36

W60

#	Name	Time
1.	Sarah Barrett (GBR)	2:43:45
2.	Lauren Binder (USA)	2:43:50
3.	Barbara Leverett (GBR)	2:45:22
4.	Hilary Webber (GBR)	2:45:41
5.	Phyllis Mason (USA)	2:47:34
6.	Annemie Rath (GER)	2:52:57
7.	Bente Lauritsen (DEN)	2:53:09
8.	Joan Beecroft (AUS)	2:54:54
9.	Tammoa Kasemier (NED)	2:55:14
10.	Kathy Felix (USA)	2:55:36
11.	Anneliese Hünecke (GER)	2:57:56
12.	Lynda Lemon (CAN)	2:58:06
13.	Martha Richter (GER)	3:01:38
14.	Kathy Torgersen (USA)	3:04:31
15.	Mary Bachus (USA)	3:06:25
16.	Valerie Gonzales (CAN)	3:10:33
17.	Carol McGinn (CAN)	3:18:20
18.	Susan Roberts (USA)	3:20:57
19.	Armanda Moser (AUT)	3:29:48
20.	Sabine Klümper (GER)	3:33:34

W65

#	Name	Time
1.	Grete Lange (DEN)	3:14:31
2.	Peggy McDowell-Cramer (USA)	3:19:44
3.	Graciela Val (USA)	3:22:00
4.	Celeste Callahan (USA)	3:25:54
5.	Sharon Roggenbuck (USA)	3:33:02
6.	Sharon Blount (USA)	3:53:54

W70

#	Name	Time
1.	Gerry Fitch (USA)	3:33:11
2.	Ingrid Menschig (GER)	3:36:20
3.	Sheila Isaacs (USA)	3:44:58
4.	Margaret Bomberg (USA)	3:51:57
5.	Joann Pope (USA)	4:46:00

W75

#	Name	Time
1.	Molly Hayes (USA)	4:22:55

W80

#	Name	Time
1.	Peggy Gudbrandsen (USA)	5:49:05

M18

#	Name	Time
1.	Tama Christensen (NZL)	2:02:23

W70

W75

W80

M18

2.	Dominik Treuherz (GER)	2:06:30
3.	Shea Wilfong (USA)	2:07:38
4.	Philip Wolfe (GBR)	2:12:00
5.	Nils Haase (GER)	2:14:04
6.	Tim Easter (GBR)	2:15:14
7.	Matthew Gunby (GBR)	2:16:06
8.	Reilly Gee (NZL)	2:16:46
9.	Brendan Lyons (IRL)	2:16:54
10.	Ben Hammond (AUS)	2:17:08
11.	Sebastian Harner (GER)	2:18:19
12.	Anthony Gritton (GBR)	2:18:27
13.	Javier Beuzeville (USA)	2:18:48
14.	Tim Gödde (GER)	2:19:17
15.	Philipp Huber (GER)	2:19:41
16.	Jason Corral (USA)	2:19:53
17.	Jaco Swanepoel (RSA)	2:20:44
18.	Dominic Brook (GBR)	2:24:10
19.	Lorne Empson (GBR)	2:26:15
20.	Matthew Mosca (USA)	2:27:03
21.	Wesley Furlong (USA)	2:30:32
22.	Hauke Prigge (GER)	2:31:57
23.	Kyle Lepkowski (USA)	2:46:32

M20

1.	Ben Collins (USA)	1:57:16
2.	Andrew Curtayne (NZL)	1:58:21
3.	Jemani Francis (AUS)	2:01:13
4.	Sean Donnelly (GER)	2:01:20
5.	Oliver Strankmann (GER)	2:01:23
6.	Stuart Marais (RSA)	2:01:33
7.	Bobby Douglas (NZL)	2:02:05
8.	Adriano Duarte Sacchetto (BRA)	2:02:39
9.	Rasmus Stubager (DEN)	2:02:44
10.	Benjamin Christophers (NZL)	2:02:51
11.	Lee Greer (NZL)	2:02:54
12.	Alexander Lewis (GBR)	2:03:11
13.	Daniel Agnew (USA)	2:03:29
14.	Jamie Stanley (AUS)	2:03:30
15.	Folker Schwesinger (GER)	2:03:42
16.	Matthias Graute (GER)	2:03:47
17.	Robert Prahl (GER)	2:03:49
18.	Sebastian Schwienke (GER)	2:03:59
19.	Daniel Halksworth (GBR)	2:04:14
20.	Craig Stewart (NZL)	2:04:24
21.	Sebastian Veith (GER)	2:04:31
22.	Nick Conway (AUS)	2:04:49
23.	Sven Bergner (GER)	2:04:51
24.	Mark Dowling (IRL)	2:04:53
25.	Adrian Szczepanski (POL)	2:05:10
26.	Joe Byers (USA)	2:05:22
27.	George Stirling (NZL)	2:05:26
28.	Mike Clark (USA)	2:05:31
29.	Paulo Cesar Chavez (MEX)	2:05:36
30.	Evan Rudd (USA)	2:05:45
31.	Darren Hughes (IRL)	2:05:50
32.	Till Schaefer (GER)	2:05:51
33.	William Barbosa (BRA)	2:05:54
34.	Balinga Pasco (AUS)	2:06:05
35.	Matthew Daugherty (USA)	2:06:42
36.	Bartosz Smeda (POL)	2:06:50
37.	Gibran Gamboa (MEX)	2:06:55
38.	Jesper Sørensen (DEN)	2:07:02
39.	Nicholas Dason (USA)	2:07:04
40.	Thiago Vinhal (BRA)	2:07:08
41.	Florian Rothe (GER)	2:07:26
42.	Cameron Bennetts (NZL)	2:07:31
43.	Simon Richards (GBR)	2:07:36
44.	David Morse (USA)	2:07:39
45.	Josiah Rudolph (RSA)	2:07:42
46.	Colin Bolger (IRL)	2:07:42
47.	Tom Eismann (GER)	2:08:09
48.	Jose Garcia (MEX)	2:08:25
49.	Nicholas Vandam (USA)	2:08:26
50.	Fabian Sauter (GER)	2:09:05
51.	Boris R. Scherwitzl (AUT)	2:09:18
52.	Kieran Rowlands (GBR)	2:09:22
53.	Marian Bröker (GER)	2:09:59
54.	Pascal Dietermann (GER)	2:10:01
55.	Christoph Mayer (GER)	2:10:04
56.	Nicholas Sterghos (USA)	2:10:09
57.	Micheal Lyons (IRL)	2:10:41
58.	Ryan Peter (RSA)	2:10:43
59.	Thomas Testet (FRA)	2:10:55
60.	Abner Nava (MEX)	2:10:56
61.	Neil Bolger (IRL)	2:11:01
62.	Tulio de Souza Diniz (BRA)	2:11:16
63.	James McDougall (AUS)	2:11:25
64.	Michael Hümmer (GER)	2:11:36
65.	Tim Gunthorpe (AUS)	2:11:40
66.	Edward Charlton-Weedy (GBR)	2:11:51
67.	Jacob Lindkvist (SWE)	2:11:51
68.	Alberto Calderon (MEX)	2:13:07
69.	Wolfgang Förtsch (GER)	2:13:09
70.	Cyrus Hands (AUS)	2:13:20
71.	Joshua Fahy (AUS)	2:13:20
72.	Michael Evans (GBR)	2:13:49
73.	James Leith (GBR)	2:14:07
74.	Daniel Dunne (NZL)	2:14:19
75.	Jens Mauksch (GER)	2:14:23
76.	Patrick Martin (GBR)	2:14:31
77.	Dan Whaites (GBR)	2:14:41
78.	Benjamin Hartman (NZL)	2:14:53
79.	Andrew Hogarth (GBR)	2:14:59
80.	Spencer Vickers (NZL)	2:15:03
81.	Rafael Castol (MEX)	2:15:44
82.	Andrew Horsfall (GBR)	2:16:02
83.	Martin Steinmetz (GER)	2:16:26
84.	Jonathan McMillan (CAN)	2:16:28
85.	Alan Ward (GBR)	2:16:37
86.	Frank Neumann (GER)	2:17:02
87.	Tyler O Callaghan (GBR)	2:17:15
88.	Leon Chen (GBR)	2:17:33
89.	Stephen Barrett (IRL)	2:18:08
90.	Louis Verdi (GBR)	2:18:08
91.	Mirco Ravaioli (ITA)	2:18:28
92.	Andreas Nemeth (GER)	2:18:51
93.	Tyler Read (CAN)	2:18:57
94.	Till Pastor (GER)	2:19:07
95.	Dan Hockley (GBR)	2:19:17
96.	Patrick Hazard (GBR)	2:20:02
97.	Jens Haase (GER)	2:20:31
98.	Sebastian Markgraf (GER)	2:20:47
99.	William Martin (USA)	2:21:17
100.	Philip Jameson (GBR)	2:21:22
101.	Tadhg Cronin (IRL)	2:22:06
102.	Fred English (IRL)	2:23:50
103.	Nicholas Bond (AUS)	2:23:54
104.	Mario Rubio (MEX)	2:24:39
105.	Conor Duignan (IRL)	2:25:20
106.	Donal Bailey (IRL)	2:26:57
107.	Juan Vicente De la Coba (ESP)	2:27:39
108.	David Hodge (AUS)	2:29:00
109.	Rory Rosales (CRC)	2:42:14
110.	Luciano Prais Carneiro (BRA)	3:09:34

M25

1.	Sebastian Löhnert (GER)	2:00:47
2.	Daniel Schmoll (GER)	2:00:55
3.	Jesse Thomas (USA)	2:01:00
4.	Ryan Cross (AUS)	2:01:08
5.	Frank-Peter Müller (GER)	2:02:01
6.	Francisco Fintelmann Filko (BRA)	2:02:43
7.	Thomas Strobl (GER)	2:02:48
8.	Shanon Stallard (NZL)	2:03:04
9.	Ian Smith (GBR)	2:03:26
10.	Moritz Lange (GER)	2:03:31
11.	Christian Enters (GER)	2:03:31
12.	Eric Bell (USA)	2:04:09
13.	Erich Kunz (SUI)	2:04:11
14.	Conrad Kebelmann (GER)	2:04:31
15.	Dion Harrison (GBR)	2:04:40
16.	André Beltz (GER)	2:04:46
17.	Dominik Amann (GER)	2:05:27
18.	Benjamin Rossmann (GER)	2:05:33
19.	Mat Reid (CAN)	2:05:41
20.	Thilo Zoberbier (GER)	2:05:43
21.	Ronald Pierenz (GER)	2:06:05
22.	Paul Skipper (GBR)	2:06:22
23.	Florian Loos (GER)	2:06:41
24.	Phil Westmorland (GBR)	2:06:53
25.	Justin Smith (USA)	2:07:30
26.	Lorenzo Villa (ITA)	2:07:37
27.	Philipp Rowoldt (GER)	2:07:43
28.	Charles Pennington (GBR)	2:07:46
29.	Igor Costa Santos (BRA)	2:08:16
30.	Craig Robinson (USA)	2:08:25
31.	Adam Cartmell (AUS)	2:08:30
32.	Richard Campbell (NZL)	2:09:10
33.	Charles Bunting (USA)	2:09:10
34.	Daniel McParland (GBR)	2:09:16
35.	Matthew Hammerton (GBR)	2:09:24
36.	Arthur Marcondes Ferraz Silva (BRA)	2:09:28
37.	Tim Downing (IRL)	2:09:32
38.	Oliver Mytton (GBR)	2:09:41
39.	Daniel Mannweiler (GER)	2:10:08
40.	Ryan Kohlenberg (CAN)	2:10:12
41.	Alexandre Takenaka (BRA)	2:10:15
42.	Fabio Campos (CRC)	2:10:20
43.	Sven Schulze (GER)	2:10:25
44.	Rhys Jones (GBR)	2:10:28
45.	Andreas Schönrock (GER)	2:10:35
46.	Bernhard Mahler (GER)	2:10:43
47.	Jonathan Metcalfe (GBR)	2:10:44
48.	Christian Bück (GER)	2:10:47
49.	Robert Whitmill (AUS)	2:11:05
50.	Clemente Espinosa (MEX)	2:11:06
51.	Owen Dwyer (IRL)	2:11:26
52.	Chad MacKinnon (CAN)	2:11:26
53.	David Gardiner (CRC)	2:11:28
54.	Mark Leishman (NZL)	2:11:29
55.	Tiaan Rossouw (RSA)	2:11:52
56.	Felix Welzel (GER)	2:11:57
57.	Paul Horsfall (GBR)	2:12:21
58.	Marsel Roos (RSA)	2:12:43
59.	Harald Harnisch (GER)	2:13:08
60.	Martin Nauerth (GER)	2:13:45
61.	Ian Shackcloth (GBR)	2:13:52
62.	Robert Harvey (GBR)	2:14:18
63.	Tristan Shipsides (GBR)	2:14:18

64.	Gareth Howitt (AUS)	2:14:21	30.	Matt Newman (GBR)	2:09:36		
65.	Christoph Netzer (GER)	2:14:31	31.	Alvin Cooney (IRL)	2:09:41		
66.	Carsten Sideo (GER)	2:14:39	32.	Richard Legge (GBR)	2:09:45		
67.	Damien Bulters (AUS)	2:14:58	33.	Cornelius Wermann (GER)	2:10:16		
68.	Jair Montalvo (MEX)	2:15:04	34.	Paul Savage (GBR)	2:10:26		
69.	Cyrus Severance (USA)	2:15:09	35.	Simon Johnson (AUS)	2:10:30		
70.	Steve Wrapson (RSA)	2:15:20	36.	Jürgen Dugas (GER)	2:10:49		
71.	Martin Skjøtt Linneberg (DEN)	2:15:29	37.	Philip King (NZL)	2:10:56		
72.	Daniel Villavicencio (MEX)	2:15:31	38.	Endre Barat (SWE)	2:11:09		
73.	Simon Rate (AUS)	2:15:36	39.	James Kimberley (GBR)	2:11:17		
74.	Chris Penn (GBR)	2:15:37	40.	David Callejón (ESP)	2:11:18		
75.	James Billing (AUS)	2:15:56	41.	James Emery (GBR)	2:11:19		
76.	Martin Boddie (IRL)	2:16:11	42.	Christopher Symonds (GHA)	2:11:25		
77.	Dayne Nash (AUS)	2:16:39	43.	Nigel Fanning (IRL)	2:11:35		
78.	Andrew Bullock (GBR)	2:16:51	44.	Nick Slim (GBR)	2:11:38		
79.	Brett Archbold (AUS)	2:17:10	45.	Tobias Cozzatti (SUI)	2:11:57		
80.	Dennis Jespersen (DEN)	2:17:18	46.	Gregory O Connor (NZL)	2:12:05		
81.	Haydon Gray (AUS)	2:17:31	47.	Michael O Halloran (RSA)	2:12:17	**M20**	
82.	Roberto Cejuela (ESP)	2:17:34	48.	Ulf Schirmeister (GER)	2:12:27		
83.	Evan Dietz (CAN)	2:17:44	49.	Jason Benniman (GBR)	2:12:31		
84.	David Adams (IRL)	2:18:00	50.	Phillip Tolmie (AUS)	2:12:36	117. Olaf Rumbler (GER)	2:47:06
85.	Daniel Gassner (LIE)	2:18:15	51.	Jonas Lindqvist (SWE)	2:12:46	118. Thomas Weichert (AUT)	2:47:59
86.	Wayne Reid (IRL)	2:19:21	52.	Steve Kanowski (AUS)	2:12:53	119. Leo Li Chan (HKG)	2:49:00
87.	Andrew Dapre (AUS)	2:19:26	53.	Mark Dempsey (IRL)	2:13:11	120. Géraud Mousnier (FRA)	2:52:23
88.	Steve Attwell (RSA)	2:19:58	54.	Paul Connolly (IRL)	2:14:01	121. Marco Muzzi (SUI)	2:57:33
89.	Robbie Mullins (AUS)	2:20:22	55.	Holger Federmann (GER)	2:14:19	122. Eduardo Henrique Klein (BRA)	3:15:22
90.	David Oziem (GBR)	2:21:10	56.	David Williams (USA)	2:14:21		
91.	Denis May (MEX)	2:21:17	57.	Martin Burder (GBR)	2:14:24	**M35**	
92.	Stuart Denton (AUS)	2:21:42	58.	Jan Eggert (GER)	2:14:34		
93.	Blair Hughes (CAN)	2:21:47	59.	Roman Binner (GER)	2:14:47	1. Colin Dixon (GBR)	2:02:44
94.	Alexander Williams (IRL)	2:21:53	60.	Federico Lopez (MEX)	2:14:51	2. Ulf Bartels (GER)	2:03:43
95.	Jason Britton (CAN)	2:21:55	61.	Gareth Battle (GBR)	2:15:01	3. Olaf Geserick (GER)	2:04:28
96.	Sergio Moreno (ESP)	2:22:06	62.	Stephen Lewis (GBR)	2:15:38	4. Richard Hunt (GBR)	2:04:39
97.	Peter Volkes (CAN)	2:22:14	63.	Eduardo Mateos (ESP)	2:15:49	5. Tetsuro Fukumoto (JPN)	2:05:01
98.	Bernhard Losbichler (AUT)	2:22:22	64.	Lee Hart (CAN)	2:16:27	6. Jason Schott (USA)	2:05:06
99.	Said Navarrete (MEX)	2:22:31	65.	Enrique Ramirez (MEX)	2:16:33	7. Eduardo Salas (MEX)	2:05:31
100.	Niklas Söderman (SWE)	2:22:56	66.	Lennard Hachamn (CAN)	2:16:42	8. Horst Wittmershaus (GER)	2:06:05
101.	Darren Kelly (IRL)	2:24:39	67.	Hendrik Friedrichs (GER)	2:16:47	9. Paul Dodd (AUS)	2:06:10
102.	Damir Lovenjak (SLO)	2:25:08	68.	Kjell Schiöberg (GER)	2:17:06	10. Udo van Stevendaal (GER)	2:06:58
103.	Karsten Becker (GER)	2:25:21	69.	Adam Kelly (IRL)	2:17:19	11. Eugene Grant (GBR)	2:07:09
104.	Denis Terrapon (SUI)	2:25:36	70.	Jörg Wagner (GER)	2:17:29	12. Dirk Radke (GER)	2:07:39
105.	Mark Quinn (AUS)	2:25:40	71.	Marcus Hammelmaier (GER)	2:17:33	13. Matthias Heineke (GER)	2:07:55
106.	Markus Schimböck (AUT)	2:26:05	72.	Tom Lokody (CAN)	2:17:55	14. Rhys Thomas (GBR)	2:08:01
107.	Javier Castillo (ESP)	2:26:05	73.	Oliver Hilton (GBR)	2:17:58	15. Dominic Paul (GBR)	2:08:26
108.	Jacob Dencker (DEN)	2:26:11	74.	Sergio Sanchez (MEX)	2:18:20	16. Brett Reagan (USA)	2:08:31
109.	Emilio José Ruiz (ESP)	2:27:03	75.	Stephan Krey (GER)	2:18:53	17. Espen Kateraas (USA)	2:08:46
110.	Michael Chui (CAN)	2:30:53	76.	David Matheson (AUS)	2:19:22	18. Carsten Meyer (GER)	2:09:01
111.	Niclas Tönnfält (SWE)	2:34:22	77.	Leyton Gapper (NZL)	2:19:27	19. Chris Fothergill (GBR)	2:09:09
112.	Kevin Murray (AUS)	2:37:58	78.	Sascha Kremers (GER)	2:19:40	20. Michael Scholl (GER)	2:09:17
113.	Jose Teixeira (POR)	2:39:45	79.	Nicholas Kolodzie (CAN)	2:20:01	21. Grant Titman (AUS)	2:09:18
114.	Hafid Muñoz (MEX)	2:39:59	80.	David García (ESP)	2:20:28	22. Clinton Watson (AUS)	2:09:28
115.	Michael Nauerth (GER)	2:44:03	81.	Stefan Kaufmann (SUI)	2:20:40	23. Gareth Huxley (GBR)	2:09:29
116.	Cobus Gous (RSA)	2:48:47	82.	Mart van der Plas (NED)	2:20:41	24. Marc Rossmanek (GER)	2:09:43
117.	Jarrad Brownlee (HKG)	2:50:10	83.	Chris Upton (IRL)	2:20:42	25. Udo Neuhörl (GER)	2:09:43
118.	Nacor Cordero (ESP)	3:03:53	84.	Luis Rendon (MEX)	2:20:52	26. Michael Shackcloth (GBR)	2:09:48
			85.	Alejandro Suarez (MEX)	2:21:22	27. Laurent Barra (TAH)	2:09:53
			86.	Cian McGrath (IRL)	2:21:50	28. Scott Lawton (AUS)	2:09:58
M30			87.	Greig Jansen (RSA)	2:22:21	29. Jürgen Metzner (GER)	2:10:02
1.	Stephen Sheldrake (NZL)	1:59:56	88.	Jason Gibb (ZIM)	2:22:33	30. James Stratton (GBR)	2:10:11
2.	Iván Tejero (ESP)	2:01:18	89.	Stephan Pape (GER)	2:23:31	31. Robert Bell (GBR)	2:10:33
3.	Daniel Corner (GBR)	2:01:28	90.	Conor McEntee (IRL)	2:23:37	32. Richard Krupa (USA)	2:10:53
4.	Chuck Sloan (USA)	2:01:49	91.	Javier Pérez (ESP)	2:24:10	33. Walter Reichmuth (SUI)	2:10:56
5.	Jörg Bozenhard (GER)	2:02:45	92.	Serhad Gündogan (GER)	2:24:14	34. Darren Hardstaff (AUS)	2:10:57
6.	Mark Harms (USA)	2:02:50	93.	Matthias Schütze (GER)	2:24:57	35. Tilo Budinger (GER)	2:11:00
7.	Nenad Sudarov (SCG)	2:03:41	94.	Jason Gibson (AUS)	2:26:42	36. Christopher Thomas (USA)	2:11:11
8.	Christopher Stuart (GBR)	2:03:44	95.	Shao Wu (AUS)	2:27:18	37. Mark Sutcliffe (AUS)	2:11:37
9.	Gerrit Schütte (GER)	2:03:56	96.	Stan Ehrlich (GER)	2:27:51	38. Nicholas Stephenson (RSA)	2:11:38
10.	Andre Stübs (GER)	2:04:01	97.	Marcel Veen (NED)	2:28:08	39. Steve Cock (GBR)	2:11:38
11.	Vladimir Savic (SCG)	2:04:42	98.	Michael Schnurpfeil (GER)	2:29:10	40. Tobias Butterbrodt (GER)	2:11:41
12.	Dale Grassby (GBR)	2:04:48	99.	Anthony Flick (AUS)	2:29:43	41. Bart Rijborz (NED)	2:12:02
13.	Sebastien Baubichet (FRA)	2:05:08	100.	Johan Granfors (SWE)	2:29:58	42. Andrew Shipton (GBR)	2:12:05
14.	Nicholas Wiebe (GER)	2:05:30	101.	David Hamer (AUS)	2:30:01	43. Peter Goodfellow (GBR)	2:12:10
15.	Steve Johnson (USA)	2:06:03	102.	Xavier Vázquez (ESP)	2:30:08	44. Jim Burdett (GBR)	2:12:11
16.	Richard Laidlow (GBR)	2:06:05	103.	Javier Pérez (ESP)	2:30:16	45. Sean Nicolle (GBR)	2:12:19
17.	Trever Gray (USA)	2:06:09	104.	Peter Kent (AUS)	2:30:58	46. Jason Harris (GBR)	2:12:26
18.	Eugenio Chimal (MEX)	2:06:18	105.	Sean Doherty (IRL)	2:31:54	47. Fabrizio Lancellotti (ITA)	2:12:47
19.	Peter Barker (AUS)	2:06:30	106.	Luciano Petri Feitosa (BRA)	2:32:15	48. William Kaye (GBR)	2:13:26
20.	Matthew Robinson (GBR)	2:06:41	107.	Chris Bergstrom (CAN)	2:33:07	49. Gustavo Probert (MEX)	2:13:29
21.	Scott Wiseman (GBR)	2:07:16	108.	Tom Hagemann (GER)	2:33:37	50. Tamatoa Guerry (TAH)	2:13:38
22.	Julian Hatcher (GBR)	2:07:17	109.	Gareth Jacobson (RSA)	2:33:54	51. Steve Hall (USA)	2:13:59
23.	Christiano José Solak (BRA)	2:07:52	110.	Barry McDermott (IRL)	2:35:07	52. Sean Collier (IRL)	2:14:02
24.	Craig Hibbard (AUS)	2:07:59	111.	Paul Morrissey (IRL)	2:36:23	53. Hugo Écija (ESP)	2:14:52
25.	Frederik Tychsen (GER)	2:08:11	112.	Barry Kent (IRL)	2:36:58	54. Michael Marzetti (GBR)	2:15:05
26.	Christopher Weier (AUS)	2:08:46	113.	Santos Sanz (ESP)	2:37:36	55. Simon Bennett (AUS)	2:15:15
27.	Demetrio Orozco (MEX)	2:09:02	114.	Helmut Gottsberger (AUT)	2:38:26	56. Thomas Caruso (GER)	2:15:18
28.	David Bettinson (GBR)	2:09:03	115.	Armin Kriegl (AUT)	2:40:25	57. Holger Andreas Leidig (GER)	2:15:51
29.	Rainer Schniertshauer (GER)	2:09:22	116.	Bernhard Kickinger (AUT)	2:45:51	58. John Close (USA)	2:16:27

M25

M30

M40

M45

59. Esteban De Mucha (MEX)	2:16:45	13. Dariusz Czyzowicz (POL)	2:05:26	80. Norbert Effertz (GER)	2:19:25
60. Ryk Lochner (RSA)	2:16:49	14. Peter Younghusband (GBR)	2:05:30	81. Harry Meissner (GER)	2:19:31
61. Thomas Buchmüller (GER)	2:17:17	15. Jon Rawlings (GBR)	2:05:44	82. Johann Kralik (AUT)	2:20:09
62. Ernesto Fernandez (CRC)	2:17:23	16. Holger Lüning (GER)	2:05:46	83. Matthew Johns (AUS)	2:20:25
63. Cameron Esposito (AUS)	2:17:27	17. Alan Rowe (GBR)	2:05:53	84. Scott Irons (AUS)	2:20:54
64. Jeremy Laming (GBR)	2:17:43	18. Bill Reeves (USA)	2:06:03	85. Michael Cowling (AUS)	2:21:24
65. Andrew Cahill (AUS)	2:18:02	19. Carlos Probert (MEX)	2:06:06	86. Stefan Dreisbach (GER)	2:21:25
66. Jörg Dreßel (GER)	2:18:14	20. Laurence Harding (GBR)	2:06:07	87. Jose Correia Pinto Filho (BRA)	2:21:32
67. Cheernesto Cardenas-Gonzalez (GER)	2:18:27	21. François Moraux (FRA)	2:06:47	88. Barry McKenna (GBR)	2:21:48
68. Joakim Perani (SWE)	2:18:31	22. Beat Widmer (SUI)	2:07:28	89. Paul Cubbon (GBR)	2:22:44
69. Mark Hanby (GBR)	2:18:53	23. Frank Pfundheller (GER)	2:07:53	90. Stéphane Jaquet (FRA)	2:23:10
70. Daniel Ritthammer (GER)	2:19:13	24. Steffen Lüders (DEN)	2:07:57	91. Michael Charlewood (RSA)	2:23:59
71. Jochen Stücher (GER)	2:19:28	25. Wolfgang Egger (AUT)	2:08:24	92. Simon Harwood (GBR)	2:24:31
72. Kastytis Gerulaitis (LTU)	2:19:33	26. Geoff Bernard (CAN)	2:08:27	93. Robert Zander (AUS)	2:24:41
73. Scott Machado (USA)	2:19:57	27. Martin König (GER)	2:08:32	94. Stephen Miller (CAN)	2:25:41
74. David Cutajar (AUS)	2:21:25	28. Olaf Reitenbach (GER)	2:08:41	95. Anthony Hooper (AUS)	2:26:22
75. Rafal Medak (POL)	2:21:45	29. Chris Walker (GIB)	2:08:41	96. Sean Farrell (IRL)	2:26:25
76. Alejandro Sandoval (MEX)	2:22:11	30. Tim Ashelford (GBR)	2:08:53	97. James Edwards (CAN)	2:26:41
77. Rubén Ruiz (ESP)	2:23:17	31. Jens Borchardt (GER)	2:08:59	98. Emil Hougaard (RSA)	2:27:07
78. Antonio Igualador (ESP)	2:23:46	32. Tomas Emerick (USA)	2:09:00	99. Jeff Beavis (AUS)	2:27:11
79. Franck Chalon (FRA)	2:25:28	33. Doug VanderWeide (USA)	2:09:07	100. Robert Schrammel (AUT)	2:27:12
80. Olivier Thomi (SUI)	2:25:33	34. Sven Riedesel (GER)	2:09:11	101. Christopher Hackett (AUS)	2:27:57
81. José Carlos García (ESP)	2:26:58	35. Joaquin Gomez (MEX)	2:09:38	102. Peter Svensson (DEN)	2:27:59
82. Thomas Blom Kristensen (DEN)	2:27:33	36. William Work (HKG)	2:09:42	103. Dirk Michael Marschall (GER)	2:28:07
83. Sergi Barbero (ESP)	2:28:09	37. David Ledward (GBR)	2:09:44	104. Jonas Gunnarsson (SWE)	2:28:24
84. Derrick Nelson (CAN)	2:29:04	38. Thomas Hofmann (GER)	2:10:33	105. Martin Vais (CZE)	2:28:41
85. Andre Kock (GER)	2:29:32	39. Morten Fenger (DEN)	2:10:45	106. Juan Pablo Benitez (MEX)	2:29:02
86. Brett Thompson (AUS)	2:29:35	40. Alexander Meißner (GER)	2:10:52	107. Thomas Schwalb (GER)	2:29:54
87. Mathew Pond (AUS)	2:30:04	41. Jörg Zürcher (SUI)	2:11:12	108. Jeff Shmoorkoff (CAN)	2:31:45
88. Craig Newton (AUS)	2:30:06	42. Richard Findlow (GBR)	2:11:44	109. Anthony Crott (AUS)	2:31:49
89. Alessandro Surian (ITA)	2:31:33	43. Ralph Hettrich (GER)	2:11:47	110. Richard Cattle (IRL)	2:32:04
90. Pere Vendrell (ESP)	2:31:35	44. Paul Gompers (USA)	2:11:54	111. Francisco Caravelho Junior (BRA)	2:32:05
91. Jan Petersen (DEN)	2:32:31	45. Frank Mömkes (GER)	2:11:56	112. Torben Stubbe Stokholm (DEN)	2:32:06
92. Torsten Völkel (GER)	2:32:32	46. Torsten Endres (GER)	2:12:30	113. Antonio Podda (ITA)	2:32:38
93. Justin Watson (AUS)	2:34:05	47. Darryl Tainsh (CAN)	2:12:31	114. Mauricio Vazquez (MEX)	2:33:00
94. Richard Holm (SWE)	2:34:25	48. Drew Magill (USA)	2:12:38	115. Satomi Iclugi (JPN)	2:33:39
95. Massimiliano Fabbri (ITA)	2:34:50	49. Kim Vivian (AUS)	2:12:58	116. Ben Houston (AUS)	2:34:56
96. Steno Pasquè (ITA)	2:35:57	50. Stefano Zenti (ITA)	2:13:07	117. Jean Yves Fouchard (FRA)	2:35:13
97. Conor O Neill (IRL)	2:37:10	51. Klaus Rumrich (GER)	2:13:08	118. Kevin Henry (IRL)	2:35:24
98. Stefan Aniol (FRA)	2:42:38	52. Kernan Heinz (ESP)	2:13:52	119. Ernst-Heinrich Schiebe (SWE)	2:36:37
99. Ray Lacis (AUS)	2:43:31	53. York Golinski (GER)	2:13:52	120. Darren Miles (AUS)	2:37:19
100. Peter Dörlich (SWE)	2:43:57	54. Joel Kinnunen (USA)	2:14:00	121. Gabriel Nafarrate (MEX)	2:38:01
101. Stuart Curtis (IRL)	2:44:44	55. William Holman (GBR)	2:14:03	122. Peter Hallor (SWE)	2:38:32
102. Craig Doyle (IRL)	2:45:14	56. Heimo Lemberger (AUT)	2:14:04	123. Enrico Lais (ITA)	2:38:49
103. Ademar Rodrigues Carneiro (BRA)	2:47:28	57. Kai Uwe Stüllgens (GER)	2:14:12	124. Armando Pareira Silva Basani (BRA)	2:39:06
104. Alessandro Vanetti (ITA)	2:49:40	58. Sven Tödtloff (GER)	2:14:42	125. Fumihito Taniyama (JPN)	2:39:22
105. Robert Gouffrich (SWE)	2:50:24	59. Holger Lindemann (GER)	2:15:15	126. Eitan Oved (ISR)	2:39:29
106. Gianluca Supino (ITA)	2:50:27	60. Chris Taylor (GBR)	2:15:25	127. Humberto Aguilar (MEX)	2:39:34
107. Andrea Zambelli (ITA)	2:50:57	61. John Simril (USA)	2:15:27	128. Gregory Shimizu (CAN)	2:43:36
108. Fabrizio Saletti (ITA)	2:52:12	62. Andreas Krähenbühl (SUI)	2:15:31	129. Emilio Pietro Lotti (ITA)	2:44:49
109. Sven Alex (GER)	2:59:06	63. David Steele (GBR)	2:16:28	130. Bent Andersen (DEN)	2:56:27
110. Lluís Remón (ESP)	3:06:36	64. Mario Karcher (GER)	2:16:38	131. Sean Murphy (IRL)	2:56:59
		65. David Allsop (GBR)	2:16:43	132. Michael Jessen (DEN)	2:58:07
		66. Yury Komlev (RUS)	2:16:45		
		67. Nicolás Bayón (ESP)	2:16:46		
M40		68. Nigel Emmitt (NZL)	2:16:55	**M45**	
1. Gary Gerrard (GBR)	2:02:53	69. Matthew Spillman (GBR)	2:17:01	1. Frédéric Sultana (FRA)	2:04:31
2. Mark Hirsch (GBR)	2:03:10	70. Tim Johns (GBR)	2:17:07	2. Graham Brookhouse (GBR)	2:06:01
3. Oliver Bergmann (GER)	2:03:22	71. Jeremy Smith (AUS)	2:17:23	3. Richard van Diesen (NED)	2:06:15
4. Winfried Traub (GER)	2:04:05	72. Duncan Hough (GBR)	2:17:48	4. Emilio DeSoto (USA)	2:06:30
5. Frank Gehse (GER)	2:04:09	73. Roland Schiemann (GER)	2:18:24	5. Reto Schawalder (SUI)	2:06:36
6. Jörg Mettlach (GER)	2:04:20	74. Renato Dirks (GER)	2:18:26	6. Thomas Sonntag (GER)	2:08:04
7. Klaus Eckstein (GER)	2:04:20	75. Aaron Altura (PI II)	2:18:27	7. Stephen Farrell (NZL)	2:08:13
8. Jochen Stelzer (GER)	2:04:37	76. Till Teuber (GER)	2:18:28	8. Mark Martin (AUS)	2:08:16
9. Marcus Schattner (GER)	2:04:58	77. Marco Thomi (SUI)	2:18:40	9. Robert Kellermann (GER)	2:08:38
10. Andreas Redl (AUT)	2:05:03	78. Ronald Reich (GER)	2:19:06	10. Alexander Schawalder (SUI)	2:09:31
11. Ulrich Nieper (GER)	2:05:07	79. Alessandro Bovolenta (ITA)	2:19:21	11. Raymond Sturm (FRA)	2:10:00
12. Ricardo Probert (MEX)	2:05:23				

#	Name	Time
12.	Stuart Robinson (GBR)	2:10:04
13.	Campbell Dawson (AUS)	2:10:20
14.	Roland Schumacher (GER)	2:11:06
15.	Kyle Welch (USA)	2:11:22
16.	Roy Chesters (AUS)	2:11:33
17.	Frank Leindecker (GER)	2:11:39
18.	Brian Butler (GBR)	2:11:55
19.	Joachim Dünner (GER)	2:11:55
20.	Jack De Kort (RSA)	2:11:59
21.	Arne Kiis (DEN)	2:12:09
22.	Paul Brinkmann (USA)	2:12:13
23.	Kevin King (GBR)	2:12:22
24.	Crispin Hetherington (GBR)	2:13:02
25.	Dean Moy (GBR)	2:13:29
26.	Mark Batten (AUS)	2:13:30
27.	Roger Bochtler (SUI)	2:13:37
28.	Scott Dix (USA)	2:13:54
29.	Markus Profunser (AUT)	2:14:08
30.	Stephen Rimmer (GBR)	2:14:18
31.	Michael Derrane (GBR)	2:14:22
32.	Quintin Wright (GBR)	2:14:35
33.	Bernd Sauter (GER)	2:15:00
34.	Anton Perfoll (GER)	2:15:04
35.	Oscar Grassi (ITA)	2:15:05
36.	Tomasz Brett (POL)	2:15:12
37.	Douglas Steele (GBR)	2:15:21
38.	Jörg Knop (GER)	2:15:24
39.	Peter Sokoll (GER)	2:15:28
40.	Olli Mikkola (FIN)	2:15:33
41.	Heiko Klein (GER)	2:15:34
42.	David Muir (GBR)	2:15:34
43.	Peter Reher (GER)	2:15:45
44.	Dirk Lonnemann (GER)	2:15:45
45.	Rene Dekker (NED)	2:15:48
46.	Craig Zelent (USA)	2:15:58
47.	Michael Thierolf (GER)	2:16:14
48.	Ulrich Seitler (GER)	2:16:19
49.	Jez Smedley (GBR)	2:16:36
50.	David Ardley (GBR)	2:16:45
51.	Mike Orton (GBR)	2:17:17
52.	Thomas Geiger (GER)	2:17:22
53.	Bob Kelleway (GBR)	2:17:40
54.	Jean Felix Sambarin (FRA)	2:17:49
55.	Uwe Siekmeyer (GER)	2:18:00
56.	Sean Thompson (USA)	2:18:16
57.	Neal McLaughlin (USA)	2:18:23
58.	Per Vikner (SWE)	2:18:47
59.	Hermann-Josef Limburg (GER)	2:18:50
60.	Jörn Lauk (GER)	2:19:00
61.	Paul Masterton (GBR)	2:19:09
62.	Derix Jac (NED)	2:19:17
63.	Alexander Romanczuk (USA)	2:19:23
64.	Malcolm Hughes (GBR)	2:19:25
65.	Jens Kleinau (GER)	2:19:26
66.	David Goldberg (USA)	2:19:54
67.	Michel Pozzo Di Borgo (FRA)	2:20:10
68.	Harald Kreipl (RSA)	2:20:37
69.	Bodo Grajetzky (GER)	2:21:14
70.	Simon Osborne (GBR)	2:21:47
71.	Marius Keil (GER)	2:22:03
72.	Helmut Gotsch (GER)	2:22:44
73.	Peter Garschall (AUT)	2:23:09
74.	Kent Richardson (BER)	2:23:37
75.	Stefano Monfardini (ITA)	2:23:47
76.	Jon Deliv (SWE)	2:23:53
77.	Peer Gschwandtner (LIE)	2:23:53
78.	René Lieners (LUX)	2:24:04
79.	Tracy Lloyd (NZL)	2:24:10
80.	Uwe Weigert (GER)	2:24:22
81.	Peter Häring (GER)	2:25:30
82.	John Gavin Staurt (CAN)	2:25:46
83.	Jürgen Kiepke (GER)	2:26:00
84.	Peter Chappell (CAN)	2:26:10
85.	Luis Diaz (MEX)	2:27:28
86.	John Abihider (USA)	2:28:18
87.	Antoine Flipo (MEX)	2:29:56
88.	Jean Nido (FRA)	2:29:57
89.	Steve Squire (AUS)	2:29:58
90.	Allan Bieber (AUS)	2:30:25
91.	Gary Crane (GBR)	2:30:29
92.	Markus Bürli (SUI)	2:31:37
93.	Lorenzo Perressin (AUS)	2:32:13
94.	Michael Valos (AUS)	2:32:32
95.	Vincent Bauduin (FRA)	2:32:39
96.	Michael Ryan (IRL)	2:33:19
97.	Tony Ruddick (AUS)	2:33:27
98.	Ian Laxdal (CAN)	2:33:46
99.	Henk Potgieter (RSA)	2:34:09
100.	Derek Wilson (BAR)	2:34:20
101.	Laszlo Borocz (HUN)	2:36:06
102.	Kurt Olsen (DEN)	2:36:27
103.	Mikael Gardell (SWE)	2:37:28
104.	Marcelo Martins Araujo (GER)	2:37:41
105.	Greg Nugent (AUS)	2:37:42
106.	Peter Moritz (SWE)	2:37:56
107.	Keith Edwards (GBR)	2:37:57
108.	Salvador Lopez (MEX)	2:40:37
109.	Ingemar Andersson (SWE)	2:40:59
110.	Jeff Barker (AUS)	2:42:05
111.	Thomas Huemer (AUT)	2:44:09
112.	Andrew Palowitch (USA)	2:44:39
113.	Finn Rosenqvist (SWE)	2:46:43
114.	Emer Michael O Kelly (IRL)	2:47:59
115.	Shuli Oshri (ISR)	2:53:56
116.	Carl Rosén (SWE)	2:58:52
117.	Thomas Pearce (AUS)	3:08:58
118.	Dominique Frizza (FRA)	3:15:48

M50

#	Name	Time
1.	Reinhold Garnitschnig (AUT)	2:08:58
2.	Clive Weston (GBR)	2:11:34
3.	Barry Jameson (GBR)	2:12:55
4.	Alfi Caprez (SUI)	2:13:14
5.	Michel Darras (FRA)	2:13:48
6.	Curt Eggers (USA)	2:13:50
7.	Jürgen Balg (GER)	2:14:13
8.	Hans J Porten (CAN)	2:14:15
9.	Chuck Sperazza (USA)	2:14:15
10.	Geraldo Alves da Silva (BRA)	2:14:29
11.	Dean Harper (USA)	2:14:54
12.	Uwe Becker (GER)	2:15:34
13.	Ron Hendriks (NED)	2:15:35
14.	Ian Howard (GBR)	2:16:11
15.	Gerd-P. Schander (GER)	2:17:09
16.	Gilbert Fisch (SUI)	2:17:29
17.	Pascal Aubriot (FRA)	2:17:56
18.	Andrew Girling (GBR)	2:18:14
19.	Lothar Stall (GER)	2:18:26
20.	Lincoln Murdoch (USA)	2:18:43
21.	Taunton Southwood (GBR)	2:18:44
22.	Detlef Profaska (GER)	2:19:24
23.	Jimmy Bunnell (USA)	2:19:38
24.	Helmut Berger (AUT)	2:19:46
25.	Cyrus Malek-Madani (SUI)	2:20:29
26.	Jens Krohn (GER)	2:20:38
27.	Johannes Dietrich (GER)	2:20:50
28.	Timothy Heaysman (GBR)	2:21:36
29.	Douglas Hill (USA)	2:21:49
30.	Gerhard Zappel (GER)	2:22:37
31.	Chris Kiley (AUS)	2:22:57
32.	Peter Dullaart (NED)	2:23:04
33.	Dieter Path (GER)	2:23:06
34.	Rüdiger Hartmann (GER)	2:23:54
35.	Geoffrey Stoddart (COK)	2:23:57
36.	Joachim Lutz (GER)	2:24:16
37.	Tony Chan (USA)	2:24:39
38.	Nace Mullen (USA)	2:25:27
39.	Norbert Kellner (GER)	2:25:40
40.	Mehran Khajooei (GER)	2:26:17
41.	Dave Campbell (USA)	2:26:31
42.	Rory Belanger (CAN)	2:26:48
43.	Hans Åhman (SWE)	2:26:57
44.	Brian Vernon (AUS)	2:27:08
45.	Reiner Vemmer (GER)	2:27:12
46.	Michael Rimmer (GBR)	2:27:17
47.	Richard Burnell (AUS)	2:27:17
48.	Joseph Mulhern (USA)	2:27:19
49.	Errol Ross (AUS)	2:27:36
50.	Fabio Smolars (ITA)	2:27:44
51.	Klaus Stader (GER)	2:27:55
52.	Michael Wiese (GER)	2:28:00
53.	Jörg Schenke (GER)	2:28:02
54.	Kai-Uwe Zimmer (GER)	2:28:37
55.	Sanz Martin (ESP)	2:28:38
56.	Mike Whitworth (GBR)	2:29:10
57.	David Green (CAN)	2:29:14
58.	Brock Phillips (CAN)	2:29:22
59.	Patrick Finn (GBR)	2:29:36
60.	Thomas Steinkuehler (GER)	2:29:48
61.	Daniel Neuffer (USA)	2:29:59
62.	Alexander Antipov (RUS)	2:30:19
63.	David Sutherland (GBR)	2:30:31
64.	Rudolf Nottrott (GER)	2:30:37
65.	Yannick Goraguer (TAH)	2:31:26
66.	Ian Webster (GBR)	2:32:32
67.	Stephen Holmes (CAN)	2:32:56
68.	Michael Wulf (GER)	2:34:38
69.	Gunnar Brynolf (SWE)	2:35:09
70.	Horst Krüger (GER)	2:35:19
71.	Malcolm Frost (GBR)	2:35:55
72.	Jonathan Greenwood (GBR)	2:36:17
73.	Jeremy Croxford (RSA)	2:36:35
74.	Rod Cunningham (AUS)	2:37:10
75.	Claus Liebermann (GER)	2:37:14
76.	Peter Franklyn (AUS)	2:37:37
77.	Frank Bennink (AUS)	2:37:52
78.	Michael Kuschelewski (POL)	2:38:17
79.	Rick Neely (USA)	2:38:21
80.	John Taylor (GBR)	2:38:46
81.	Oscar Contreras (MEX)	2:40:53
82.	David Samways (GBR)	2:41:38
83.	Greg Hales (AUS)	2:42:04
84.	Graham Pendred (GBR)	2:43:52
85.	Graham Reilly (AUS)	2:44:25
86.	Donald Moote (CAN)	2:45:56
87.	Michael Gilholm (GBR)	2:46:57
88.	Gerard Hilliard (IRL)	2:47:22
89.	Mauricio Mingramm (MEX)	2:48:36
90.	Cesar Gudino (MEX)	2:49:22
91.	John Farrell (IRL)	2:56:14
92.	Kurt Hecher (AUT)	2:56:28
93.	Gustaf Risling (SWE)	2:57:11
94.	Mark Bellinger (RSA)	2:58:42
95.	Martin Brugger (AUT)	3:02:43
96.	Bruce Acton (CAN)	3:05:10
97.	Brian Tsuji (CAN)	3:10:22
98.	Rob Von Nesselrode (AUS)	3:12:06
99.	Robert Graller (AUT)	3:31:32

M55

#	Name	Time
1.	Robert Novis (GBR)	2:13:47
2.	Reinhold Humbold (GER)	2:16:08
3.	Rick Trachok (USA)	2:18:44
4.	Daniel Schori (SUI)	2:19:36
5.	Roland Käshammer (GER)	2:19:39
6.	Reinhard Petzold (GER)	2:20:00
7.	Henk Knol (NED)	2:20:56
8.	Douglas Piche (USA)	2:23:27
9.	Jörg Schläppi (SUI)	2:24:01
10.	Michael Dunne (GBR)	2:24:07
11.	Shorty Clark (NZL)	2:24:08
12.	Gregg Arth (USA)	2:24:31
13.	Jonathan Reik (USA)	2:24:56
14.	Graham Plews (GBR)	2:25:05
15.	Tom Daniels (GBR)	2:27:39
16.	Werner Radicke (GER)	2:27:55
17.	David Patten (GBR)	2:28:43
18.	Jon Howse (AUS)	2:28:58
19.	Norbert Putz (GER)	2:29:35
20.	Paul Saddler (GBR)	2:29:40
21.	Darrell Simpkins (USA)	2:29:49
22.	Wolfgang Simon (GER)	2:30:21
23.	Tony Johnson (GBR)	2:30:31
24.	Michael Momberg (GER)	2:30:47
25.	Brad Vaughn (USA)	2:31:19
26.	Gerhard Hübner (GER)	

M55

M60

M65

M70

27.	David Hargreaves (GBR)		2:31:32
28.	Alfred Honermann (GER)		2:31:54
29.	Michele Vanzi (ITA)		2:32:00
30.	Jim Schafer (USA)		2:32:07
31.	Gary Rodebaugh (USA)		2:32:58
32.	Wilfried Matlachowski (GER)		2:33:16
33.	Chris Jordan (GBR)		2:34:07
34.	Nigel Burvill (GBR)		2:34:44
35.	Louis Hattingh (RSA)		2:34:50
36.	Reinhold Deutschmann (GER)		2:35:00
37.	Klaus Selbach (GER)		2:35:01
38.	Wolfgang Raab (GER)		2:35:13
39.	Jon Brook (GBR)		2:36:10
40.	Jürg Binia (GER)		2:36:33
41.	Reinhold Schubert (GER)		2:36:34
42.	Alfred Schlund (GER)		2:36:41
43.	Alan Spelling (GBR)		2:37:12
44.	Kingi Smiler (NZL)		2:37:59
45.	Dave Taylor (GBR)		2:38:20
46.	Bob Pringle (GBR)		2:38:29
47.	Philip Mullins (GBR)		2:38:35
48.	Lindsay Dey (NZL)		2:38:41
49.	Renato Bertrandi (ITA)		2:38:48
50.	Simon Bowen (GBR)		2:39:06
51.	Conny Eriksson (SWE)		2:39:09
52.	Franz Schröder (GER)		2:39:14
53.	Hans-Hermann Wulff (GER)		2:39:29
54.	Wolfgang Bernt (GER)		2:39:32
55.	Trevor Moore (AUS)		2:40:36
56.	Robert Ellis (CAN)		2:40:44
57.	René Croissier (GER)		2:40:51
58.	Werner Schulz (CAN)		2:40:57
59.	Wolfgang Braun (GER)		2:41:29
60.	Noel Devine (AUS)		2:42:35
61.	Hartmut Derr (GER)		2:42:42
62.	Terry Brooks (GBR)		2:43:31
63.	Jürgen Müller (GER)		2:44:00
64.	Jose de Almeida Pimentel Jr. (BRA)		2:44:52
65.	John O'Kelly (CAN)		2:45:28
66.	Barry Clark (USA)		2:46:23
67.	Manrico Colla (ITA)		2:46:33
68.	Reinhard Eichner (GER)		2:46:40
69.	Dieter Neuefeind (GER)		2:47:03
70.	Ronald Drossel (GER)		2:47:35
71.	Ian Marshall (NZL)		2:50:27
72.	Andrew Cunnell (GBR)		2:51:56
73.	Allan Harris (CAN)		2:53:26
74.	Sanchez Abel (MEX)		3:01:35
75.	Gary Swenarton (IRL)		3:05:27
76.	John Bugden (AUS)		3:09:53
77.	Ian Brownlee (HKG)		3:13:39
78.	Haruko Sesei (JPN)		3:14:16
79.	Marco Nicastri (ITA)		3:37:51

M60

1.	Steven Smith (USA)	2:16:41
2.	Brian Barr (AUS)	2:18:47
3.	Murray Kevin O Donnell (IRL)	2:23:34
4.	Bradley Price (USA)	2:25:33
5.	Michael Smallwood (GBR)	2:27:11
6.	Richard Melvern (GBR)	2:29:45
7.	David Roadhouse (USA)	2:30:20
8.	Bep Hendriks (NED)	2:30:37
9.	Harry Barnes (CAN)	2:30:44
10.	Peter Neville (AUS)	2:32:15
11.	James Shields (GBR)	2:32:15
12.	Larry Bobbett (CAN)	2:32:29
13.	Rocco Forte (GBR)	2:33:53
14.	Tom Dutton (USA)	2:34:00
15.	Robert Scott (AUS)	2:34:27
16.	Rod Clarke (AUS)	2:34:32
17.	Giorgio Alemanni (ITA)	2:35:05
18.	Alberto Murillo (ESP)	2:36:04
19.	Rick Daley (AUS)	2:36:20
20.	Michael Zinn (USA)	2:36:31
21.	Denis Honeychurch (USA)	2:37:02
22.	Don Hutchinson (GBR)	2:37:12
23.	Barry Payne (NZL)	2:37:19
24.	Keith Walker (GBR)	2:37:23
25.	Ray Gray (GBR)	2:38:10
26.	Wilfried Jörgens (GER)	2:38:40
27.	David McNeely (USA)	2:39:15
28.	Tamas Fekete (GER)	2:39:53
29.	Bob Martin (GBR)	2:40:12
30.	Bill Shackcloth (GBR)	2:40:20
31.	Klaus Schmidt (GER)	2:40:40
32.	David Coulter (AUS)	2:40:43
33.	Lee Cannon (USA)	2:41:23
34.	Bernd Lautenbach (GER)	2:41:36
35.	Ernst-Dietmar Hecker (GER)	2:41:51
36.	Roger Freeman (USA)	2:41:54
37.	Roland Gebert (GER)	2:42:03
38.	Siegfried Schmidt (GER)	2:42:29
39.	Albrecht Wieland (GER)	2:42:58
40.	Steen Ludvigsen (DEN)	2:44:12
41.	Richard Sweetman (NZL)	2:44:36
42.	Christophe Wegelin (SUI)	2:45:09
43.	Klaus Ahrens (GER)	2:45:10
44.	Rob Holmes (USA)	2:45:24
45.	Jim Donaldson (USA)	2:45:31
46.	Vernon Thomas (GBR)	2:46:17
47.	Lutz Tauchmann (GER)	2:46:57
48.	Harry Esper (GER)	2:47:44
49.	William Hammerton (GBR)	2:48:02
50.	Günter Frank (GER)	2:48:40
51.	Gerhard Müller (GER)	2:49:46
52.	Werner Nesseler (GER)	2:49:56
53.	Otto Tylkowski (GER)	2:50:08
54.	Kenneth Lewis (GBR)	2:50:19
55.	Malcolm Mcintosh (RSA)	2:51:25
56.	Peter Clarke (AUS)	2:51:52
57.	Siegbert Steuck (GER)	2:53:24
58.	Siegfried Mehlhorn (GER)	2:53:29
59.	Jim Cooke (CAN)	2:54:27
60.	Allan Kenny (GBR)	2:55:06
61.	Leonard Reel (USA)	2:55:10
62.	John Rogers (AUS)	2:56:42
63.	Dieter Schulz (GER)	2:57:07
64.	Heinrich Kies (GER)	2:58:52
65.	Harry Davies (GBR)	2:59:16
66.	John Eagles (NZL)	2:59:52
67.	Hans-Wilhelm Sleur (GER)	3:01:07
68.	David Humphreys (GBR)	3:01:49
69.	John McKibbon (CAN)	3:02:29
70.	Rainer Bärsch (GER)	3:07:05
71.	Trace Allen (GBR)	3:08:00
72.	Daryl Bates (AUS)	3:08:54
73.	Robert Bormann (GER)	3:09:23
74.	Günther Borchers (GER)	3:09:53
75.	David Harris (GBR)	3:10:59
76.	George Hodgson (GBR)	3:12:57
77.	Hendrik Fehr (LUX)	3:15:53
78.	John Minter (GBR)	3:42:12
79.	Alfredo Reynaga (MEX)	3:44:11

M65

1.	Wolfgang Lierow (GER)	2:32:41
2.	Patrick Wickens (USA)	2:34:00
3.	Gerhard Niessner (GER)	2:35:43
4.	Bernd Braun (GER)	2:37:10
5.	Alvise Cattaruzzi (ITA)	2:39:28
6.	Joachim Hintze (GER)	2:39:28
7.	Bernard Py (FRA)	2:41:05
8.	Bernard Cuziat (FRA)	2:42:05
9.	Willis Gill (USA)	2:42:51
10.	Renaldo Wagner (GER)	2:43:02
11.	William Marshall (USA)	2:44:28
12.	Heiko Hentrop (GER)	2:45:58
13.	Johnny Chapin (USA)	2:47:13
14.	John Clarke (GBR)	2:48:22
15.	Paul Reback (USA)	2:48:28
16.	Martin Stratton (GBR)	2:50:22
17.	Roger Little (USA)	2:52:05
18.	Leszek Dacewicz (POL)	2:53:18
19.	Rainer Kotthaus (GER)	2:53:54
20.	Herbert Fröhlich (GER)	2:54:51
21.	Walter Rippl (GER)	2:55:27
22.	Manfred Hinzmann (GER)	2:56:07
23.	Harry Braaksma (CAN)	2:56:41
24.	Günter Jaschinski (GER)	2:56:52
25.	Manfred Zilly (GER)	2:56:55
26.	John Gordon (NZL)	3:00:29
27.	Hermann Frank Meyer (GER)	3:00:47
28.	Sammy Hellwig (GER)	3:03:05
29.	Jos Put (NED)	3:04:14
30.	Helmut Probst (GER)	3:06:01
31.	Lothar Lange (DEN)	3:06:39
32.	Hermann Pohlmann (GER)	3:09:19
33.	George Vargha (GBR)	3:09:36
34.	Detlef Mertelsmann (GER)	3:10:07
35.	Verner Rasmussen (DEN)	3:15:34
36.	Peter Dalkin (GBR)	3:16:31
37.	Udo Freund (GER)	3:17:50
38.	Rodman Steele (USA)	3:21:03
39.	Alfred Voigt (USA)	3:23:50
40.	Don Nelson (USA)	3:24:32
41.	Frank Zietemann (GER)	3:25:34
42.	Eugen Vogt (GER)	3:32:20
43.	James Sawyer (USA)	3:33:37
44.	David Acheson (AUS)	3:40:52
45.	Giacomo Ramella (ITA)	3:43:21
46.	Alberto Leon (MEX)	3:56:35

M70

1.	Günter Beilstein (GER)	2:38:19
2.	Theodor Bärnreuther (GER)	2:44:53
3.	Jon Adamson (USA)	2:45:13
4.	Robert Sigerson (USA)	2:52:38
5.	Klaus Weinberger (GER)	2:56:43
6.	Karlton Naylor (USA)	2:57:21
7.	Roger Brockenbrough (USA)	3:00:12
8.	Arnott Kidd (GBR)	3:00:40
9.	Werner Dutschke (GER)	3:03:53
10.	Bill Reese (USA)	3:07:26
11.	Manfred Klittich (GER)	3:10:22

M75

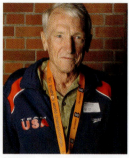
M80

Wheelchair

Below Knee Amputee W

Below Knee Amputee M

12.	Theodor Glasmacher (GER)	3:11:54
13.	Robert Oury (USA)	3:12:22
14.	Walter Hartig (GER)	3:16:02
15.	Herbert Radicke (GER)	3:18:46
16.	Heinz Sowinski (GER)	3:20:07
17.	Rudolf König (GER)	3:22:53
18.	Steve Schloss (USA)	3:31:50
19.	Alfred Hintzmann (GER)	3:32:33
20.	Dieter Heycke (USA)	3:34:21
21.	Horst Rhein (USA)	3:48:25
22.	Neil Fleming (NZL)	3:49:39
23.	Roberto Godinez (MEX)	3:53:34
24.	Lachlan Lewis (AUS)	4:11:32
25.	Steven Jonas (USA)	4:23:19
26.	Edwin Alexander (USA)	4:30:53
27.	Malcolm Bennett (GBR)	4:51:03

M75
1.	Richard Robinson (USA)	3:11:20
2.	Klaus Boysen (CAN)	3:14:24
3.	Michael J Stokotelny (CAN)	3:30:52
4.	Roberto Canil (ITA)	3:34:48
5.	Anthony Sepie (NZL)	3:53:40
6.	Günter Radecke (GER)	4:13:27

M80
1.	Charley French (USA)	3:12:29

2007 Hamburg BG Triathlon World Championships AWAD Results (Olympic Distance)

Wheelchair W
1.	Marieke Vervoort (BEL)	2:51:23
2.	Barbara Sima (AUT)	4:14:23

Wheelchair M
1.	Scott Patterson (CAN)	2:38:29
2.	Jean Michel Shille (FRA)	2:48:06
3.	Georg Schrattenecker (AUT)	2:56:09
4.	Olaf Niebisch (GER)	2:58:35
5.	George Gallego (USA)	3:19:57
6.	Mario Farfan (COL)	3:32:48
7.	Mike Nishimoto (USA)	3:46:42
8.	Jeremy Newman (ITU)	4:14:23

Below Knee Amputee W
1.	Amy Dodson (USA)	3:03:48

Below Knee Amputee M
1.	Paul Martin (USA)	2:31:44
2.	Martin Falch (AUT)	2:32:50
3.	Jeff Glasbrenner (USA)	2:35:59
4.	JP Theberge (USA)	2:36:55
5.	Meyrick Jones (CAN)	2:47:36
6.	Gerhard Hartwich (GER)	2:50:02
7.	Robert Scott (CAN)	2:58:12
8.	Mabio Costa (USA)	3:45:39

Above Knee Amputee W
1.	Sarah Reinertsen (USA)	3:48:13
2.	Scout Bassett (USA)	6:11:26

Above Knee Amputee M
1.	Matt Perkins (USA)	3:02:51
2.	Jonathan Bik (USA)	3:05:37
3.	David McGranahan (USA)	3:09:59
4.	Etienne Caprin (FRA)	3:20:54
5.	Grant Darby (CAN)	3:20:54
6.	Ruben Grande (MEX)	3:44:22

Upper Extremity W
1.	Edith Dasse (FRA)	3:12:48
2.	Suzanne Elbon (USA)	3:20:29

Upper Extremity M
1.	Emilio Molina (ESP)	2:22:02
2.	Andreas Kübler (GER)	2:32:03
3.	Franck Paget (FRA)	2:34:11
4.	Peter Boronkay (HUN)	2:35:02
5.	Sebastian Averesch (GER)	2:41:19
6.	Jason Lester (USA)	2:42:37
7.	Dean Wagner (USA)	2:43:03
8.	Olaf Kohn (GER)	2:47:29

Blind W
1.	Nancy Stevens (USA)	3:34:29
2.	Christa Earl (USA)	4:09:25

Blind M
1.	Jose Rodrigues (FRA)	2:27:51
2.	Georg Janßen (GER)	2:28:55
3.	Philippe Cuvillier (FRA)	2:39:42
4.	Alberto Ceriani (ITA)	2:42:53
5.	Graham Kiff (GBR)	3:09:05

Les Autres W
1.	Beth Price (USA)	3:30:12
2.	Kim Wedgerfield (CAN)	3:52:02
3.	Lorene Hatelt (CAN)	4:20:00

Les Autres M
1.	David Kyle (USA)	2:51:07
2.	Peter Lawson (CAN)	3:00:29
3.	Jeremy Baird (CAN)	3:04:23

2007 Hamburg BG Triathlon World Championships Age Group Results (Sprint Distance)

W16
1.	Natalie Russell (USA)	1:14:41
2.	Julia Knapp (GER)	1:14:46
3.	Carina Brechters (GER)	1:14:50
4.	Sarah Wigmore (GBR)	1:16:59
5.	Marie Jana Hess (GER)	1:17:39
6.	Mattika Fischer (GER)	1:17:52
7.	Courtney Convey (USA)	1:17:56
8.	Stephanie Moroney (USA)	1:18:30
9.	Samantha Wilson (GBR)	1:19:40
10.	Kelsey Clawson (USA)	1:19:53
11.	Lydia Liebnitzky (GER)	1:20:35
12.	Sarah Hector (GBR)	1:20:40
13.	Melanie Greiner (USA)	1:20:59
14.	Jeannette Wacker (USA)	1:22:15
15.	Alexandra Weber (USA)	1:22:20
16.	Anayani Rivera Lopez (MEX)	1:25:03
17.	Suzanne Bay (USA)	1:26:19
18.	Beeke Kriech (GER)	1:30:50
19.	Katrin Mauksch (GER)	1:48:09

W20
1.	Nadine Mielke (GER)	1:19:09
2.	Kate Turner (GBR)	1:21:15
3.	Alli Shafer (CAN)	1:21:36
4.	Laura Sinclair (GBR)	1:21:53
5.	Laure Mannweiller (GER)	1:22:31
6.	Lauren Whitmore (GBR)	1:24:09
7.	Carly Whittaker (CAN)	1:25:10
8.	Antje Jansen (GER)	1:25:45
9.	Julia Zapf (GER)	1:26:57
10.	Melanie Shields (CAN)	1:27:57
11.	Ornella Graupner (GER)	1:28:00
12.	Natasha Blunt (GBR)	1:29:04
13.	Louise Dyson (GBR)	1:30:48
14.	Rhian Evans (GBR)	1:32:37
15.	Stefanie Nowak (GER)	1:37:14
16.	Claire Goodwin (GBR)	1:37:26

W25
1.	Vanessa Schlemmer (GER)	1:17:02
2.	Silvia Czaika (GER)	1:17:32
3.	Danielle Stewart (GBR)	1:19:13
4.	Beth Saddler (GBR)	1:19:25
5.	Annette Müller (GER)	1:20:25
6.	Sarah Fensome (GBR)	1:21:34
7.	Annette Eastwood (GBR)	1:21:44
8.	Viola Kob (GER)	1:22:21
9.	Jennifer Hewitt (GBR)	1:22:21
10.	Bente Lobach (GER)	1:22:28
11.	Louise Hogg (GBR)	1:23:06
12.	Samantha Lake (GBR)	1:24:22
13.	Maren Thiel (GER)	1:24:23
14.	Caroline Bell (GBR)	1:25:44
15.	Samantha Parsons (GBR)	1:26:23
16.	Corinna Hahnkamm (GER)	1:27:01
17.	Romy Fisch (LUX)	1:27:46
18.	Alechia Van Wyk (GBR)	1:28:39
19.	Carys Mai Williams (GBR)	1:30:44
20.	Jennifer Bryant (CAN)	1:31:25
21.	Lucy Ward (GBR)	1:32:33
22.	Dorothee Dettmers (GER)	1:33:15
23.	Yvie Van den Broeck (GBR)	1:47:32

W30
1.	Caroline Jones (GBR)	1:15:16
2.	Rachel Hobbs (GBR)	1:16:03
3.	Karen Axelsdottir (GBR)	1:16:15
4.	Lise Sohl Jeppesen (DEN)	1:17:21
5.	Vicky Begg (GBR)	1:17:24
6.	Katrin Burow (GER)	1:17:28
7.	Solveig von der Fecht (GER)	1:18:04
8.	Gabi Lindner (GER)	1:21:14
9.	Gayle Worthington (GBR)	1:21:38
10.	Oona Brooks (GBR)	1:22:19
11.	Sarah Thomas (GBR)	1:22:27
12.	Lesley Parry-Jones (GBR)	1:22:32

Above Knee Amputee W | Above Knee Amputee M | Upper Extremity W | Upper Extremity M | Blind W

13.	Sharon Helsby (GBR)	1:23:26
14.	Caroline Findlay (GBR)	1:25:07
15.	Claire Loades (GBR)	1:25:32
16.	Christina Cork (GBR)	1:25:33
17.	Elisabeth Hall (GBR)	1:25:48
18.	Brynn Kvinlaug (CAN)	1:25:51
19.	Simone Menz (GER)	1:26:23
20.	Julia Schedel (GER)	1:26:37
21.	Catherine French (GBR)	1:26:53
22.	Maike Neumann (GER)	1:29:05
23.	Silke Lammers (GER)	1:29:25
24.	Viola Hoff (GER)	1:29:30
25.	Gracia-Patricia Walters (GER)	1:30:17
26.	Catherine Morgan (CAN)	1:30:29
27.	Mara Biß (GER)	1:32:29
28.	Marie Jeppesen (DEN)	1:35:44
29.	Esther Hamill (GBR)	1:35:59
30.	Lynne Callaghan (GBR)	1:36:20
31.	Katrin Richter (GER)	1:36:46

Blind M | Les Autres W | Les Autres M

W35

1.	Sara Johnson (GBR)	1:19:44
2.	Michelle O Dea (GBR)	1:20:29
3.	Rachel Rowan (GBR)	1:21:03
4.	Jette Amstrup (DEN)	1:21:26
5.	Narda Liliana Forero Gonzalez (COL)	1:21:29
6.	Hester Pollock (GBR)	1:22:38
7.	Katharine Vile (GBR)	1:22:57
8.	Janice Field (CAN)	1:23:33
9.	Tracey Sample (GBR)	1:25:10
10.	Imke Höfling (GER)	1:25:12
11.	Kathryn Goldthorpe (GBR)	1:25:39
12.	Rachel Pearce (GBR)	1:26:46
13.	Britta Bugiel (GER)	1:27:27
14.	Monika Scheidel (GER)	1:28:17
15.	Susanne Dudzik (GER)	1:28:51
16.	Rita Beck (GER)	1:29:26
17.	Nele Haupt (GER)	1:30:51
18.	Romana Vlasakova (CZE)	1:30:59
19.	Cornelia Geldner (GER)	1:32:47
20.	Birte Schneider (GER)	1:33:32
21.	Susanne Liebler (GER)	1:34:45
22.	Sabine Keuntje (GER)	1:37:14
23.	Lilia Lange (GER)	1:37:22
24.	Hazel Eccleston (GBR)	1:37:30
25.	Rachael Jones (GBR)	1:39:24
26.	Maggie Verrall (GBR)	1:42:07

W40

1.	Anke Kullmann (GER)	1:15:45
2.	Anke Lakies (GER)	1:17:17
3.	Simone Lechner (GER)	1:20:11
4.	Jo Short (GBR)	1:21:06
5.	Annie Hogan (GBR)	1:22:02
6.	Heike Speckmann (GER)	1:22:21
7.	Margit Räuber-Mill (GER)	1:23:38
8.	Marzena Bogdanowicz (GBR)	1:24:25
9.	Debbie Cooke (GBR)	1:25:23
10.	Barbara Burkert (GER)	1:25:28
11.	Sarah Wheeler (GBR)	1:26:27
12.	Marianne Wulkop (GER)	1:27:38
13.	Cordula Sievers (GER)	1:27:58
14.	Iris Römer (GER)	1:28:12
15.	Bettina Möller (GER)	1:28:12
16.	Christiane Garvs (GER)	1:29:13
17.	Melanie Humphreys (GBR)	1:29:39
18.	Ines Neumann (GER)	1:30:00
19.	Martina Hähnel (GER)	1:30:27
20.	Silke Robran (GER)	1:30:27
21.	Angela Kerstan (GER)	1:31:12
22.	Susanne Dany (GER)	1:31:13
23.	Kerry Fergusson (CAN)	1:31:38
24.	Ulrike Clausen (GER)	1:31:45
25.	Andrea Franke (GER)	1:32:01
26.	Leigh Stevens (GBR)	1:32:38
27.	Lisi Hecher (GER)	1:32:57
28.	Klaudia Dunker (GER)	1:35:25
29.	Kati Spingler (GER)	1:35:42
30.	Iris Burghardt (GER)	1:35:52
31.	Iris Heemann-Meyer (GER)	1:36:21
32.	Claudia Wiedemann (GER)	1:39:20

W45

1.	Meike Gutberlet (GER)	1:23:03
2.	Dawn Vaughan (GBR)	1:23:45
3.	Jane Bell (GBR)	1:25:12
4.	Christina Poulton (GBR)	1:25:25
5.	Lynette Fischer (RSA)	1:26:12
6.	Fiona Ridley (GBR)	1:26:17
7.	Ellen Mielke (GER)	1:27:48
8.	Christine Hirsch (GBR)	1:28:40
9.	Dawn Blair (GBR)	1:29:17
10.	Petra Martens (NED)	1:30:04
11.	Swantje Kolberg (GER)	1:30:16
12.	Nicola Dick (GBR)	1:30:19
13.	Audrey Stewart (GBR)	1:32:04
14.	Martina Baumann (GER)	1:33:21
15.	Leslie Poujol Brown (HON)	1:34:12
16.	Sue George (GBR)	1:35:27
17.	Patricia Green (GBR)	1:36:17
18.	Andrea Hopermann (GER)	1:41:04
19.	Frauke Toppe (GER)	1:41:57
20.	Monika Suhrbier (GER)	1:42:22

W50

1.	Carole Smith (GBR)	1:21:54
2.	Julia Hector (GBR)	1:27:30
3.	Melanie Evans (GBR)	1:27:40
4.	Leslie Belanger (CAN)	1:27:59
5.	Sarah Springman (GBR)	1:28:29
6.	Julie Williams (GBR)	1:32:28
7.	Rani Sinniah (GBR)	1:32:43
8.	Angelika Hartwig (GER)	1:33:19
9.	Marion Hahn (GER)	1:35:18
10.	Hedwig Boßmann (GER)	1:37:07
11.	Doris Lenz (GER)	1:41:37
12.	Elisabeth Ross (GBR)	1:42:09
13.	Gabi Schaetzlein (GBR)	1:43:43
14.	Hannelore Engelbarts (GER)	1:52:40

W55

1.	Christine McLean (CAN)	1:26:13
2.	Barbara Davis (GBR)	1:31:51
3.	Alison Taylor (GBR)	1:41:52
4.	Ellen Ann Finnighan Macker (GBR)	1:45:53
5.	Melanie Oldacre (GBR)	1:47:11
6.	Maria Ulrich (GER)	1:47:14
7.	Jolanta Lipinska (POL)	2:13:09

W60

1.	Georgina Gardiner (GBR)	1:37:18
2.	Lore Böhme (GER)	1:43:16
3.	Janice Iredale (AUS)	1:43:23
4.	Christel Lange (GER)	1:49:13
5.	Mary Welsh (GBR)	1:51:32
6.	Karin Nickel (GER)	1:53:35
7.	Marlene Sakowsky (GER)	1:57:39

W65

1.	Jane Askey (GBR)	1:53:15
2.	Ute Pechtold (GER)	2:01:27

M16

1.	Brian Duffy (USA)	1:04:28
2.	Paul Schuster (GER)	1:04:40
3.	Marcus Herbst (GER)	1:04:52
4.	Daniel Kranz (GER)	1:05:10
5.	Joseph Welsh (USA)	1:05:13
6.	Brian Verbus (USA)	1:05:48
7.	Christian Meyer (GER)	1:06:32

#	Name	Time
8.	Julio Ballesteno (CRC)	1:06:40
9.	Travis Decker (USA)	1:06:44
10.	Travis Littlejohn (USA)	1:06:52
11.	Graham Steele (USA)	1:06:53
12.	Tim Jurich (GER)	1:07:01
13.	Sam Hugh (GBR)	1:07:09
14.	Malte Onas (GER)	1:08:07
15.	Samuli Keisu (FIN)	1:08:25
16.	Evan Huffman (USA)	1:08:31
17.	David Herrera (GER)	1:09:08
18.	Jannik Elischer (GER)	1:09:30
19.	Aaron Woolley (AUS)	1:09:39
20.	David Jeckel (GER)	1:10:00
21.	Oliver Härtel (GER)	1:10:12
22.	Marco Guerci (ITA)	1:11:11
23.	Benjamin Bröcker (GER)	1:11:26
24.	Grayson Cobb (USA)	1:11:52
25.	Jan-Hinrich Klindworth (GER)	1:12:09
26.	Bentor Bautista (ESP)	1:12:09
27.	Leonhard Nelle (GER)	1:12:28
28.	Stephen Wright (USA)	1:12:43
29.	Mark Saroni (USA)	1:13:14
30.	Bryan Lagasse (USA)	1:13:22
31.	Gustav Lindéus (SWE)	1:13:40
32.	Luca Desideri (ITA)	1:13:42
33.	Timothy Nicholls (AUS)	1:13:47
34.	Sven Krämer (GER)	1:14:09
35.	Maico Laschinsky (GER)	1:14:19
36.	Adam Barlow (GBR)	1:14:31
37.	Alexander Hosey (USA)	1:15:40
38.	Jan Fischer (GER)	1:15:57
39.	Michael Jüptner (GER)	1:17:29
40.	Jan Kirschtowski (GER)	1:17:55
41.	Benjamin Eurich (GER)	1:20:17
42.	Marcel Seip (GER)	1:23:34
43.	Fabian Tiemann (GER)	1:25:38
44.	Christoph Suhrbier (GER)	1:32:22

M20

#	Name	Time
1.	Jonathan Worcester (GBR)	1:05:02
2.	Florian Fink (GER)	1:05:09
3.	Daniel Schmidt (GER)	1:05:22
4.	Robert Scheibe (GER)	1:06:27
5.	Simon Veit (GER)	1:07:25
6.	Eike Torben Ohrdorf (GER)	1:07:44
7.	Philipp Herold (GER)	1:08:06
8.	Trifon Suopela (FIN)	1:08:14
9.	Martin Allers (GER)	1:08:21
10.	Sebastian Zeller (GER)	1:08:26
11.	Neil Eddy (GBR)	1:08:47
12.	Evert Lamb (CAN)	1:09:04
13.	Lamberto Castelló (ESP)	1:09:53
14.	Nils Blumenthal (GER)	1:09:56
15.	Sebastian Szesni (GER)	1:11:08
16.	Bastian Maaß (GER)	1:11:28
17.	Florian Fritsch (GER)	1:11:57
18.	Sebastian Körner (GER)	1:12:11
19.	Matthias Kindel (GER)	1:12:34
20.	Mark Robertson (GER)	1:12:50
21.	Christian Nitschke (GER)	1:12:55
22.	David Kettle (GBR)	1:13:30
23.	Danny Haack (GER)	1:16:02
24.	Andrew Ingram (GBR)	1:16:44
25.	Felix Lenz (GER)	1:16:59
26.	Tobias Wenzel (GER)	1:16:59
27.	Thomas Lienert (GER)	1:17:51
28.	Mario Lawendel (GER)	1:20:09
29.	Peter Bergmann (GER)	1:21:07

M25

#	Name	Time
1.	Kieran Williams (GBR)	1:04:50
2.	Stefan Hochstein (GER)	1:05:02
3.	Nick Buis (GBR)	1:06:15
4.	Thomas Winkelmann (GER)	1:07:52
5.	Steffen Schlumbohm (GER)	1:08:14
6.	Gero Jendretzki (GER)	1:08:29
7.	José Moreno (ESP)	1:08:39
8.	Frank Laudy (GER)	1:08:54
9.	Adam Chadburn (AUS)	1:09:15
10.	Andrew Shaw (GBR)	1:09:57
11.	Andrew McFarlane (GBR)	1:10:13
12.	Martin Gore (GBR)	1:10:28
13.	Matthew Chandler (GBR)	1:10:40
14.	Hans-Björn Ahrens (GER)	1:11:01
15.	Ian Roberts (GBR)	1:11:36
16.	Maik Flück (SUI)	1:11:41
17.	Juan Antonio Vergara (ESP)	1:12:23
18.	Gareth Morgan (GBR)	1:12:37
19.	Frank Windbracke (GER)	1:13:08
20.	Kai Becker (GER)	1:13:17
21.	Philip Curtis (GBR)	1:13:26
22.	Andrew Brodziak (GBR)	1:13:43
23.	Graham Murphy (GBR)	1:13:45
24.	Stefan Donath (GER)	1:14:57
25.	Jamie Smalley (GBR)	1:15:14
26.	Toby Andrews (GBR)	1:15:59
27.	Frank Mäurer (GER)	1:16:13
28.	Marcus Stucke (GER)	1:16:46
29.	Florian Scheib (GER)	1:16:54
30.	Chris Hill (GBR)	1:16:57
31.	Christopher Baum (GER)	1:17:04
32.	Maik Kleinat (GER)	1:18:11
33.	Sven Kalläne (GER)	1:18:53
34.	Mark Taylor (GBR)	1:19:15
35.	Sebastian Kern (GER)	1:19:33
36.	Sebastian Dettmers (GER)	1:20:42
37.	Hendrik Patzwall (GER)	1:22:25
38.	Björn Schmedtje (GER)	1:22:58
39.	Mike Chatt (GBR)	1:23:29
40.	Markus Kubisch (GER)	1:23:45
41.	Jake Niarchos (GER)	1:24:37
42.	André Schlüter (GER)	1:29:10
43.	Fabian Scharenberg (GER)	1:31:42
44.	Florian Drummer (GER)	1:32:47

M30

#	Name	Time
1.	Alexander Dorfmeister (GER)	1:07:28
2.	Björn Stiegler (AUT)	1:08:37
3.	David Glossy (GBR)	1:09:22
4.	Andy Turnbull (GBR)	1:09:26
5.	Anders Christensson (SWE)	1:09:51
6.	David McDougall (GBR)	1:10:37
7.	Thilo Jacobsen (GER)	1:11:10
8.	Malcolm Davies (GBR)	1:11:15
9.	Chris Beamish (GBR)	1:11:23
10.	Robert Grepe (CAN)	1:11:31
11.	Robert Metcalfe (GBR)	1:11:39
12.	Enno Houtrouw (GER)	1:11:40
13.	Oliver Wacker (GER)	1:12:03
14.	William Kirk-Wilson (GBR)	1:12:07
15.	Simon Roxburgh (GBR)	1:12:16
16.	Bryce Dyer (GBR)	1:12:29
17.	Andrew Jones (GBR)	1:12:58
18.	Jonny Rowan (GBR)	1:14:09
19.	Kevin Tearle (CAN)	1:14:27
20.	Dean Kirkham (GBR)	1:15:44
21.	Christian Schmalhaus (GER)	1:15:58
22.	Michael Beck (GER)	1:16:01
23.	Alistair Smith (GBR)	1:16:11
24.	Lars Bienert (GER)	1:16:28
25.	Nicholas Zaher (GBR)	1:16:36
26.	Markus Lobach (GER)	1:17:43
27.	Andreas Schweiger (GER)	1:17:46
28.	Gavin Calder (GBR)	1:17:51
29.	Florian Berghausen (GER)	1:17:55
30.	Robin Groom (GBR)	1:18:09
31.	Martin Ziebart (GER)	1:18:41
32.	Vait Matthäus (GER)	1:18:49
33.	Kersten Friedrich (GER)	1:19:19
34.	Hartmut Schacker (GER)	1:19:24
35.	Christian Stoffers (GER)	1:19:48
36.	Jonathan Nichol (GBR)	1:21:09
37.	Bradley Wilson (GBR)	1:22:01
38.	Karsten Busse (GER)	1:22:16
39.	Adrian Blockus (GBR)	1:22:54
40.	Marco Exner (GER)	1:26:07
41.	Christian Rüß (GER)	1:27:22
42.	Johannes Lüke (GER)	1:28:09
43.	Jörg Fliss (GER)	1:29:05
44.	Birk Alwes (GER)	1:31:30
45.	Alexander Anhorn (GER)	1:32:19
46.	Thomas Borowski (GER)	1:32:53
47.	Scott Samuel (GBR)	1:33:26
48.	Markus Ebbers (GER)	1:50:08

M35

#	Name	Time
1.	Karl Wimmer (GER)	1:06:29
2.	Niels Nagel (GER)	1:07:11
3.	Ben Mitchel (GBR)	1:08:58
4.	Dirk-Oliver Beyer (GER)	1:09:06
5.	Matt Clarkson (GBR)	1:09:16
6.	Gerhard Conradi (GER)	1:09:31
7.	Peter Mallison (GBR)	1:09:31
8.	Jamie Hawthorn (GBR)	1:11:18
9.	Charles Harris (GBR)	1:11:28
10.	Peter Mayerlen (GER)	1:11:45
11.	Noel Edwards (GER)	1:11:48
12.	Gregor Grant (GBR)	1:11:59
13.	Ian Loades (GBR)	1:12:14
14.	Marcus Smith (GBR)	1:12:34
15.	Michael Mandel (GER)	1:12:56
16.	Thomas Fleischmann (GER)	1:12:57
17.	Julian Friedrich (GER)	1:13:02
18.	Andreas Walther (GER)	1:13:25
19.	Alexander Roth (GER)	1:14:06
20.	Marcus Fischer (GER)	1:14:33
21.	Lars Otten (GER)	1:15:16
22.	Matt Ward (GBR)	1:15:20
23.	Ian Simon (GBR)	1:15:24
24.	Abbi Westphal (GER)	1:15:28
25.	Holger Kolb (GER)	1:15:40
26.	Paul Ewing (GBR)	1:16:01
27.	Jonathan Britton (GBR)	1:16:16
28.	Rob Raulings (AUS)	1:16:32
29.	Stuart Putt (GBR)	1:16:33
30.	Scott Poole (GBR)	1:16:39
31.	Alexander Huschtschin (GER)	1:17:31
32.	John Murray (GBR)	1:17:39
33.	Ian Brown (GBR)	1:18:38
34.	Thomas Alexander Oertel (GER)	1:18:56
35.	Dirk Büchel (GER)	1:19:06
36.	Peter Ness (GBR)	1:19:14
37.	Reid Cunningham (GBR)	1:19:15
38.	Jochen Haupt (GER)	1:20:22
39.	Jason Emmett (GBR)	1:20:31
40.	Marc Jansen (GER)	1:20:49
41.	Heiko Lehmann (GER)	1:21:08
42.	Paulo da Cruz (GER)	1:24:14
43.	Tim Irwin (CAN)	1:25:05
44.	Gottfried Schmidt (GER)	1:32:10
45.	Markus Meinecke (GER)	1:40:52

M40

#	Name	Time
1.	Bernd Meyer (GER)	1:07:34
2.	Uwe Richlik (GER)	1:07:42
3.	Dirk Knappheide (GER)	1:09:30
4.	Christian Mitterbauer (GER)	1:09:55
5.	David Hamdorff (GBR)	1:10:02
6.	John Pope (GBR)	1:10:08
7.	Wolfgang Grotelüschen (GER)	1:10:13
8.	Mario Radke (GER)	1:10:27
9.	Roman Kainzinger (GER)	1:10:48
10.	Christian Siedlitzky (AUT)	1:10:57
11.	Winfried Eistert (GER)	1:11:23
12.	Marius Kwint (GBR)	1:11:50
13.	Guido Pesch (GER)	1:12:04
14.	Günter Rothmayer (GER)	1:12:25
15.	Duncan McLaren (GBR)	1:12:46
16.	Bernd Pannewitz (GER)	1:12:47
17.	Bruce Smart (GBR)	1:12:54
18.	Maik Firbach (GER)	1:12:57
19.	Frank Boyne (GBR)	1:13:15
20.	Paul Edgar (GBR)	1:13:45
21.	Phil Jarvis (GBR)	1:13:56
22.	Paul Askey (GBR)	1:14:49
23.	Neil Tait (GBR)	1:14:53
24.	Harvey Perkins (GBR)	1:15:08
25.	Peter Leinweber (GER)	1:15:45
26.	Martin Dümlein (GER)	1:17:05
27.	Andreas Pusch (GER)	1:17:11
28.	Kenny Girvan (GBR)	1:17:30
29.	Christian Oettinger (GER)	1:17:59
30.	Simon Griffiths (GBR)	1:18:09
31.	Julian Fairley (GBR)	1:18:25
32.	Tim Humphries (GBR)	1:18:58
33.	Andre Domann (GER)	1:19:42
34.	Markus Hillen (GER)	1:19:45
35.	Richard Billington (GBR)	1:20:00
36.	Paul Schofield (GBR)	1:20:35
37.	Axel Nitsch (GER)	
38.	Oliver Müller (GER)	
39.	Ronald Nolan (GBR)	

40. Stephan Brückner (GER)		1:21:24
41. Rainer Hahn (GER)		1:21:33
42. Becket Bedford (GBR)		1:22:15
43. Stephen Weber-Hall (GBR)		1:22:23
44. Michael Vlcek (AUT)		1:23:15
45. Stefan Foitlinski (GER)		1:23:39
46. Karl Beyer (GER)		1:25:01
47. Thorsten Gödde (GER)		1:25:49
48. Mark Fergusson (CAN)		1:28:41
49. Daniel Makohoniuk (CAN)		1:44:39

M45

1.	Francisco González (ESP)	1:09:03
2.	Ralf Laermann (GER)	1:09:29
3.	Peter Altner (GER)	1:09:38
4.	Anatolijs Levsa (LAT)	1:09:41
5.	Andreas Gmoser (GER)	1:10:34
6.	Robert Ehrengart (GER)	1:11:18
7.	Alan Bremmer (GBR)	1:11:47
8.	Phil Weaver (GBR)	1:13:00
9.	Rick Hunter (CAN)	1:13:01
10.	Ian Hughes (GBR)	1:13:43
11.	Martin Darlison (GBR)	1:13:59
12.	Mark Dixon (GBR)	1:14:10
13.	Fraser Arnot (GBR)	1:14:18
14.	Martin Pitts (GBR)	1:14:37
15.	Mark Hyde (GBR)	1:15:03
16.	Ron Evans (GBR)	1:15:10
17.	Babs Bukunola (HKG)	1:15:47
18.	Michael Wawroschek (SUI)	1:16:10
19.	Erich Gruber (GER)	1:16:28
20.	Thomas Jakisch (GER)	1:16:39
21.	Andres Kubar (EST)	1:17:25
22.	David Barrile (GBR)	1:17:41
23.	Robert Engers (GBR)	1:17:47
24.	John Robinson (GBR)	1:17:55
25.	Dai Gittins (GBR)	1:18:04
26.	Joachim Laverentz (GER)	1:18:06
27.	Franz-Josef Thölking (GER)	1:18:11
28.	Don Lemke (CAN)	1:18:52
29.	Philip E.C. Schädler (LIE)	1:19:10
30.	Roderick Shaw (GBR)	1:19:21
31.	Christopher Eccles (GBR)	1:19:28
32.	Gerhard Ruhland (GER)	1:19:40
33.	Alexander McPhee (GBR)	1:19:51
34.	Fritz Jähn (GER)	1:19:54
35.	Torsten Bechler (GER)	1:19:55
36.	Emilio Villa (ESP)	1:20:33
37.	Holger Jurich (GER)	1:21:29
38.	Stephen Taylor (GER)	1:21:35
39.	Karsten Mielke (GER)	1:22:58
40.	Karsten Schrimpf (GER)	1:23:05
41.	Jürgen Goldschmitt (GER)	1:23:12
42.	Jan Volker Glauber (GER)	1:23:26
43.	Rolf Vörkel (GER)	1:24:07
44.	Tom Denham (GER)	1:25:07
45.	Jörg Baumann (GER)	1:25:38
46.	Michael Zehe (GER)	1:26:05
47.	Gerry Hoffmann (GER)	1:26:46
48.	Holger Porath (GER)	1:27:30
49.	Charlie Fletcher (GBR)	1:27:33
50.	Thomas Ufferhusloh (GER)	1:28:49
51.	Per Gøbel Jensen (DEN)	1:30:12
52.	Urs Braumandl (GER)	1:30:31
53.	Paul Gardner (GBR)	1:32:15
54.	Henning von Freeden (GER)	1:40:56
55.	Hans-Jürgen Scharf (GER)	1:48:25

M50

1.	Birger Frederiksen (DEN)	1:11:31
2.	Paul Gittings (GBR)	1:12:53
3.	Mark Preston (AUS)	1:12:59
4.	Gerhard Schlüter (GER)	1:13:05
5.	Karl-Heinz Oberhuber (GER)	1:13:27
6.	Gordon MacPherson (GBR)	1:13:57
7.	Georges Bürgi (SUI)	1:14:02
8.	Ulrich Nikulla (GER)	1:14:04
9.	Gerd Scheibe (GER)	1:14:58
10.	Iskandar Schkhov (RUS)	1:15:31
11.	Peter Zoller (GER)	1:15:38
12.	Jürgen Laub (GER)	1:18:25
13.	Richard Dunbabin (GER)	1:18:26
14.	Jörg Dietrich (GER)	1:18:58
15.	Alastair Stewart (GBR)	1:19:16
16.	Neil McCover (GBR)	1:19:46
17.	Pete Nash (GBR)	1:20:26
18.	Nick Smith (GBR)	1:20:42
19.	Dieter Pohler (GER)	1:20:56
20.	Klaus Kretschmer (GER)	1:21:04
21.	Wolfgang Klein (GER)	1:21:21
22.	Frank Whitelock (GBR)	1:21:25
23.	Haydn Whitmore (GBR)	1:21:27
24.	Michael Lisle (GBR)	1:21:30
25.	Ulrich Winkelmann (GER)	1:22:27
26.	James Wilson (CAN)	1:22:28
27.	Stephen Elliott (GBR)	1:22:30
28.	Colin Simpson (GBR)	1:22:57
29.	David Leak (GBR)	1:23:17
30.	Rüdiger Heinrich (GER)	1:23:30
31.	Rob Robson (GBR)	1:23:59
32.	Steve Robinson (GBR)	1:24:35
33.	Holger Aßmann (GER)	1:24:36
34.	Dirk Lohmeier (GER)	1:25:32
35.	Heinz Hähnel (GER)	1:26:04
36.	Andreas Klimkeit (GER)	1:26:52
37.	Brian Welsh (GBR)	1:27:09
38.	Götz Reppel (GER)	1:27:26
39.	Klaus Jäger (GER)	1:27:42
40.	Stephen Robinson (GBR)	1:28:01
41.	Kai Hansen (DEN)	1:28:45
42.	Kurt Seyffert (GER)	1:28:47
43.	Michael Pascher (GER)	1:29:06
44.	Kurt Hauser (SUI)	1:29:10
45.	Uwe Armbrüster (GER)	1:29:42
46.	John Setford (GBR)	1:30:04
47.	Bernd Willeke (GER)	1:32:35
48.	Erhard Schulz (GER)	1:35:06
49.	Fred Schäffers (NED)	1:35:52
50.	Bernd Böhnke (GER)	1:37:56
51.	Roland König (GER)	1:39:58
52.	Dennis Hern (CAN)	1:40:14
53.	Walter Schuster (GER)	1:42:30
54.	Winston Crooke (SKN)	1:43:00

M55

1.	Dieter Waller (GER)	1:12:13
2.	Horst-Dieter Bias (GER)	1:13:39
3.	Hermann Knülle (GER)	1:17:54
4.	Andrew Lambert (GBR)	1:18:21
5.	Rüdiger Müller (GER)	1:19:59
6.	Wilfried Kurz (GER)	1:21:05
7.	Clive Agate (GBR)	1:21:10
8.	James Chisholm (GBR)	1:21:47
9.	Rüdiger Hannich (GER)	1:22:01
10.	Maximilian Müller (GER)	1:22:08
11.	Hnatoliy Shakhmatov (RUS)	1:23:23
12.	Manfred Zoberbier (GER)	1:23:42
13.	Udo Hopermann (GER)	1:24:01
14.	Bernd Meschzan (GER)	1:24:56
15.	Jürgen Müller (GER)	1:25:45
16.	Paul Schneider (GER)	1:25:54
17.	John Howard (GBR)	1:26:06
18.	Eberhard Krengel (GER)	1:26:31
19.	Eckhard Keilbach (GER)	1:27:57
20.	Jürgen Rockstroh (GER)	1:28:08
21.	Wolfgang Fleischmann (GER)	1:29:35
22.	Peter Kernbach (GER)	1:29:38
23.	Wolfgang Heß (GER)	1:31:26
24.	Reiner Wieneke (GER)	1:32:28
25.	Grayhame Fish (GBR)	1:32:49
26.	Rolf Topp (GER)	1:32:49
27.	Lutz-Günter John (GER)	1:33:04
28.	Michael Kortylack (GER)	1:33:06
29.	Klaus Mathias (GER)	1:40:25
30.	Michael Dieg (GER)	1:40:26
31.	Russ O'Handley (CAN)	1:46:29
32.	Cornelius Engelbarts (GER)	1:49:25

M60

1.	Richard File (GBR)	1:21:05
2.	Alan Churcher (GBR)	1:24:32
3.	Hans Frößler (GER)	1:25:49
4.	Ronald Boucher (CAN)	1:26:12
5.	Doug Wood (GBR)	1:27:40
6.	Willi Gauger (GER)	1:27:58
7.	Klaus Scheffler (GER)	1:28:21
8.	John Gwynn Evans (GBR)	1:28:30
9.	Lutz Ranscht (GER)	1:29:08
10.	Reinhard Lichteblau (GER)	1:29:22
11.	Walter Dubbert (GER)	1:30:36
12.	Terrence Cocking (GBR)	1:31:28
13.	Josef Burda (SWE)	1:38:31
14.	Bernd Schubert (GER)	1:44:42
15.	Erwin Brust (GER)	1:49:43

M65

1.	Wolfmar Joppich (GER)	1:24:33
2.	Uwe Kranz (GER)	1:27:30
3.	Dieter Dackau (GER)	1:27:53
4.	Manfred Schlimper (GER)	1:28:55
5.	Günter Hammele (GER)	1:31:25
6.	Bob Luck (GBR)	1:31:27
7.	Konrad Beyer (GER)	1:31:36
8.	Rudolf Hermerding (GER)	1:35:04
9.	Wolfgang Arnold (GER)	1:36:50
10.	Fernando Pardo (ESP)	1:40:18
11.	Rudolf Schnell (GER)	1:41:10
12.	Karl-Heinz Schmidt (GER)	1:47:10
13.	Wolfgang Lange (GER)	1:52:38

M70

1.	Peter Norman (GBR)	1:26:59
2.	John Bennetts (AUS)	1:34:56
3.	Herbert Schulteis (GER)	1:41:30
4.	David Mckay (GBR)	1:45:45
5.	Reinhold Wolter (GER)	1:52:16

M75

1.	Innokentiy Yuzhakov (RUS)	1:44:09
2.	Klaus Steckel (GER)	2:17:46

M80

1.	Radovan Leovic (AUS)	2:28:16

Hamburg City Man 2007
Olympische Distanz

Junioren W

1.	Hannah Menne (GER)	2:45:41
2.	Christine Freitag (GER)	2:50:19
3.	Jana Borowski (GER)	3:00:54

AK1 W (20-24)

1.	Michelle Florin (GER)	2:40:27
2.	Katrin Garber (GER, ASC Teuschnitz-Frankenwald)	2:43:49
3.	Anja Goldbach (GER)	2:48:39
4.	Anne-Christin Böhm (GER)	2:48:51
5.	Steffi Mohr (GER, TV Hatzenbühl Triathlon)	2:51:01
6.	Nicky Liebich (GER)	3:03:17
7.	Nina Häupke (GER)	3:33:06

AK2 W (25-29)

1.	Laura Suffa (GER, ASICS-Team 2)	2:33:05
2.	Leana Helbig (GER, werk3 Triathlon Hamburg)	2:34:17
3.	Annett Finger (GER)	2:37:13
4.	Sonja Arrington (GER)	2:40:55
5.	Vanessa Uhlig (GER)	2:41:05
6.	Agnes Hartenberger (GER, Chickenrun)	2:41:31
7.	Denise Kottwitz (GER)	2:44:46
8.	Steffi Wollweber (GER)	2:45:53
9.	Edith Van der Schilden (LUX)	2:46:01
10.	Vesna Pueschel (GER)	2:46:52
11.	Susanne Rüter (GER)	2:47:56
12.	Marina Rochna (GER, Elixia Triathlon Team)	2:48:56
13.	Veronika Markwardt (GER)	2:50:07
14.	Anne Lupke (GER)	2:54:12
15.	Ruth Flerus (GER)	2:55:28
16.	Julia Fiedler (GER, ASICS-Team 2)	2:57:52
17.	Nadine Schmidt (GER)	3:01:08
18.	Stefanie Wulkowicz (GER)	3:02:04
19.	Simone Zeiner (GER)	3:02:50
20.	Anja Eckelmann (GER, TRI TEAM KÖNIGSLUTTER)	3:04:16
21.	Denise Bretschneider (GER, Graalibu)	3:06:19
22.	Katrin Beck (GER)	3:14:14
23.	Tanja Hein (GER, Athletico Bacardi Team Gold)	3:16:44
24.	Stefanie Brill (GER, NXP Semiconductors)	3:17:06
25.	Clarissa Koll (GER, Athletico Bacardi Team Gold)	3:18:48

26. Astrid Schubert (GER) 3:19:34
27. Ramona Lau (GER, DOLMAR Trio Olympia) 3:25:00
28. Bente Budde (GER) 3:26:32
29. Veronika Hauke (GER) 3:28:02
30. Martina Kostro (GER) 3:53:35
31. Inga Steingräber (GER, Athletico Bacardi Team Silber) 4:18:40

AK3 W (30-34)
1. Conny Dauben (GER, TriTeam TSG Sprockhoevel) 2:28:41
2. Petra Hagel (GER, Elixia Triathlon Team) 2:34:44
3. Julia Rikos (GER) 2:35:47
4. Maike Cotterell (GER) 2:40:28
5. Iris Ketels (GER) 2:40:39
6. Manuela Östreich (GER) 2:41:05
7. Kathrin Cösing (GER, MSV Hamburger Ärzte) 2:41:42
8. Caren Deissler (GER) 2:44:00
9. Imme-Marie Klein (GER) 2:47:28
10. Käthe Reichert (GER) 2:47:36
11. Martina Roß (GER) 2:48:50
12. Birgit Slomski (GER, werk3 Triathlon Hamburg) 2:49:40
13. Bianca Lorenz (GER) 2:52:56
14. Nina Alswede (GER) 2:54:38
15. Solveig Hansen (GER) 2:54:56
16. Kerstin Pak (GER, Polizei SV Ingolstadt) 2:56:17
17. Andrea Anguiano (GER, werk3 Triathlon Hamburg) 2:56:39
18. Kathrin Harder (GER, Optisch überlegen) 2:56:41
19. Ulrike Elsbernd (GER, TV Gronau Triathlon) 2:56:52
20. Sonja Barth (GER, Otto Wulff Bauunternehmen) 2:57:54
21. Ines Schubert (GER) 3:00:06
22. Nicole Glawe (GER) 3:01:24
23. Dana Paulsen (GER) 3:01:29
24. Nathalie Roux (FRA) 3:01:47
25. Anne Wasserstrahl (GER) 3:02:41
26. Barbara Wojciechowski (GER) 3:04:59
27. SEVGI Yildiz (TUR, KARASPEED) 3:05:25
28. Sonja Hansen (GER, Ernst & Young) 3:05:57
29. Kerstin Hein (GER, Athletico Bacardi Team Bronze) 3:06:27
30. Melanie Wiens (GER) 3:06:44
31. Alexa Lethen (GER, Team Kruess) 3:08:05
32. Katja Wambsganss (GER, Pfälzer Strolche) 3:09:49
33. Katrin Kresmer (GER) 3:12:47
34. Martina Thömmes (GER, Team ASICS) 3:14:01
35. Tanja Böck (GER) 3:14:27
36. Alexa Stotz (GER, Hochbahn Wache) 3:14:49
37. Stephanie Hort (GER, Triathlon) 3:15:34
38. Elsabe Wolthausen (GER) 3:20:36
39. Astrid Kirsch (GER) 3:21:12
40. Sandra Schnarr (GER, Wetterauer) 3:22:18
41. Bianca Gosch (GER, Germanischer Lloyd) 3:23:18
42. Daniela Schicke-Lehrke (GER) 3:58:40

AK4 W (35-39)
1. Sonja Beerbaum (GER, Kaifu Tri Team) 2:36:59
2. Bianca Krah (GER) 2:37:37
3. Claudia Dienemann (GER, Blaubär) 2:39:46
4. Doris Urner (GER) 2:45:12
5. Myriam Helbing (GER, ETV-Kiel Triathlon) 2:47:00
6. Sabine Kunst (GER) 2:47:16
7. Uta Zielke (GER, tesa) 2:48:30
8. Ira May (GER, Stader SV) 2:48:50
9. Britta Siemers (GER) 2:49:04
10. Regina Jodat (GER) 2:49:31
11. Sandra Wiedel-Horre (GER) 2:49:49
12. Christine Müller (GER) 2:52:58
13. Bettina Eggers (GER) 2:53:16
14. Mareike Keetz (GER) 2:53:23
15. Petra Mandrys (GER, NXP Semiconductors) 2:54:56
16. Ute Rebe (GER) 2:55:01
17. Anja Wolf (GER, Elixia Triathlon Team) 2:55:06
18. Ingrid Schwenzer-Müller (GER) 2:55:24
19. Rena Prause (GER) 2:56:14
20. Claudia Stock (GER) 2:56:23
21. Anja Schulz (GER, Jetzt oder nie) 2:57:07
22. Karin Zander (GER, Pfälzer Strolche) 2:57:56
23. Petra Goebel (GER, Alice-Triple Play) 2:58:01
24. Claudia Studtmann (GER, Elixia Triathlon Team) 2:58:08
25. Stefany Luth (GER) 2:58:17
26. Ariane Wende (GER) 2:58:24
27. Irmela Geyer (GER) 2:58:36
28. Daniela Hemming (GER) 2:58:37
29. Claudia Wittek (GER, MTV-AURICH-TRIA) 2:59:00
30. Diane Vrielmann (GER, Athletico Bacardi Team Bronze) 2:59:05
31. Anke Utecht (GER, gaidies+partner) 2:59:43
32. Michaela Schon (GER) 3:02:01
33. Claudia Esdorf (GER) 3:03:49

34. Sheryl Richardson (GBR, Athletico Bacardi Team Silber) 3:05:04
35. Nicola Raden (GER, feddersen meets sports) 3:10:37
36. Inga Gdanietz (GER, tricops2007) 3:11:20
37. Ina Lafrentz (GER) 3:12:09
38. Ute Geick-Pankau (GER, Coolrunners) 3:12:24
39. Vanessa Sandra Podgurski (GER, Elixia Triathlon Team) 3:14:43
40. Julia Spreckelsen (GER) 3:14:45
41. Katja Randau (GER) 3:14:46
42. Nicole Seyd (GER, Alice-Triple Fun) 3:19:57
43. Anke Tietjen (GER) 3:20:07
44. Nicole Nattkemper (GER, Tri Turtles Hamm) 3:21:52
45. Kaija Schweers (GER) 3:21:57
46. Simone Reinhardt (GER) 3:22:34
47. Jessika Paulus (GER, tricops2007) 3:22:39
48. Heike Diekmann (GER) 3:23:22
49. Nicola Gerke (GER) 3:23:25
50. Christina Rosenkranz (GER) 3:24:36
51. Silke Sommer (GER) 3:26:15
52. Ulla Vitt (GER, ASICS-Team 2) 3:34:16
53. Anke Wolken (GER) 3:34:46
54. Claudia Knüpfer (GER, Affinion) 3:37:27
55. Kerstin Quanz (GER, Brain Pain) 3:41:24
56. Iris Wottrich (GER) 3:44:00
57. Melanie Friedrich (GER) 3:46:33
58. Iris Reinhold (GER, OSC Bremerhaven) 4:16:44

Senioren 1 W (40-44)
1. Sabine Jarren (GER, Triabolos Hamburg e.V.) 2:45:12
2. Svenja Garrelts (GER, Chickenrun) 2:46:40
3. Ruth Dünner-Waßerburger (GER, Trilöwen) 2:47:23
4. Tanja Hahn (GER, tesa) 2:49:01
5. Urte Huusmann (GER) 2:49:22
6. Ingrid Erk (GER) 2:50:14
7. Sabine Schück (GER) 2:51:17
8. Susanne Bornhof (GER) 2:51:37
9. Eva Zöller (GER) 2:51:53
10. Regine Vogt-Bangert (GER) 2:52:31
11. Kerstin Gadow (GER, Bergziegen Hasloh) 2:55:39
12. Cassandra Russek (GER) 2:55:39
13. Martina Schmidt (GER, Triathlon-TEAM-Witten) 2:56:08
14. Silke Stambula (GER, CRT) 2:57:18
15. Ilona Ott (GER) 2:58:31
16. Charmian Tardieu (GBR) 2:59:22
17. Bärbel Rievel (GER) 2:59:39
18. Kerstin Storm (GER, Elixia Triathlon Team) 3:00:53
19. Sabine Konrad (GER) 3:01:35
20. Andrea Wildhagen (GER) 3:02:48
21. Yvonne Kiesslich (GER) 3:03:09
22. Gudrun Bolln (GER, Elixia Triathlon Team) 3:03:56
23. Susanne Diemer (GER) 3:03:57
24. Anja Carsten-Laurisch (GER, TS Harburg) 3:04:52
25. Birgit Starck (GER) 3:05:32
26. Simona Richter (GER) 3:05:34
27. Marion Lengsfeld (GER, TV Hatzenbühl Triathlon) 3:05:58
28. Anne Vicktor (GER) 3:06:51
29. Stefanie Eschenburg (GER) 3:07:07
30. Martina Pflocksch (GER) 3:07:22
31. Uta Schettler (GER) 3:08:23
32. Ilka Stallmann (GER) 3:10:10
33. Claudia Haß (GER) 3:10:23
34. Regine Lütt (GER, VAF-Olympisch) 3:10:56
35. Gabriele Scheffel (GER, Triabolos Hamburg e.V.) 3:11:09
36. Sabine Resch (GER) 3:12:47
37. Uta Schleifert (GER) 3:13:35
38. Wiebke Reimers (GER) 3:13:39
39. Martina Stork (GER, Elixia Triathlon Team) 3:13:42
40. Carola Hoffmann (GER) 3:14:33
41. Celia Struck (GER) 3:14:57
42. Sigrid Peter (GER) 3:16:22
43. Andrea Buchheim (GER) 3:16:40
44. Katja Tewes (GER) 3:19:31
45. Yvonne Thomsen (GER, Cool Running) 3:20:34
46. Ute Kutzborski (GER) 3:21:57
47. Carola Kippenberger (GER, Kaifu Tri Team) 3:22:03
48. Brigitte Zillmann (GER, Cool Running) 3:22:41
49. Kirsten Barnekow (GER) 3:37:36
50. Ana Gil Marfa (ESP, Athletico Bacardi Team Silber) 3:49:51

Senioren 2 W (45-49)
1. Corinna Peter (GER) 2:40:21
2. Felicitas Anschütz (GER) 2:41:23
3. Marita Hössler (GER) 2:46:03
4. Margret Warnecke-Jerol (GER, Elixia Triathlon Team) 2:48:11
5. Brigitte Stoltefaut-Linke (GER) 2:55:34
6. Uta Elfers (GER) 2:59:05

7. Dagmar Grabowski (GER, RVB-Hamburg) 3:00:17
8. Heidi Fischer-Klages (GER) 3:06:50
9. Britta Warneke (GER, korrekt kraft) 3:07:02
10. Susanne Häusler (GER) 3:11:00
11. Birgit Schulz (GER, Athletico Bacardi Team Silber) 3:11:32
12. Christine Hottewitzsch (GER) 3:13:20
13. Kerstin Mücke (GER) 3:20:39
14. Sabine Ahrens (GER, MTV Ashausen) 3:23:25
15. Petra Baake (GER) 3:27:49
16. Ute Christine Braun (GER) 3:28:05
17. Sabine Heise (GER) 3:29:26
18. Ulrike Lauk (GER, Elixia Triathlon Team) 3:33:10
19. Elisabeth Freund (SUI) 3:40:19
20. Klaudia Klöter (GER) 3:44:26

Senioren 3 W (50-54)
1. Ingrid Alvermann-Buhr (GER) 2:54:52
2. Marita Wetter (GER) 3:07:44
3. Maarit Aalto-Nitschke (FIN) 3:19:31
4. Roswitha Cornelius (GER, Elixia Triathlon Team) 3:20:41
5. Heidrun Dudka (GER) 3:38:33
6. Gerlinde Hartmann (GER) 3:48:44
7. Mascha Andrea Pohl (GER, HAMBURG WASSER) 4:21:47

Senioren 4 W (55-59)
1. Rita Karl (GER) 3:41:28
2. Cathy Cattell (GBR, Athletico Bacardi Team Bronze) 4:01:14

Junioren M
1. Florian Sievers (GER, Gut Heil Itzehoe) 2:27:54

AK1 M (20-24)
1. Benjamin Sievers (GER, Gut Heil Itzehoe) 2:08:35
2. Nicolai Wenzel (GER) 2:22:00
3. Stefan Griem (GER, WTB) 2:27:53
4. Dennis Wachter (GER, projekt-triathlon/Ceepo) 2:29:25
5. Tim Klug (GER, Kaifu Tri Team) 2:29:40
6. Birger Luckow (GER) 2:31:00
7. Matthias Wolf (GER) 2:31:36
8. Tobias Hopf (GER, Infanterieschule) 2:31:41
9. Konrad Straube (GER, Stader SV) 2:31:45
10. Mirco Grebe (GER) 2:31:53
11. Andreas Hein (GER, Tri-As Hamm) 2:32:20
12. Christian Wachter (GER, projekt-triathlon/Ceepo) 2:32:31
13. Marcel Schlag (GER) 2:35:40
14. Daniel Doray (GER) 2:39:29
15. Michael Kreikenbohm (GER) 2:42:47
16. Daniel Meux (GER) 2:43:17
17. Daniel Dröge (GER) 2:44:10
18. Alexander Schulte (GER) 2:44:44
19. Nils Nolte (GER) 2:46:48
20. Martin Schmidt (GER) 2:46:58
21. Till Münster (GER) 2:47:37
22. Gabriel von Waldenfels (GER) 2:54:00
23. Sebastian Gerhardy (GER) 2:55:38
24. Eckhard Korn (GER, 4 Runner's Sake) 2:56:05
25. Nils-Peter Fitzl (GER) 2:56:42
26. Marius Mannek (GER, Omya Peralta Team OD) 2:56:52
27. Mario Joosten (GER, Bocholter WSV) 3:01:04
28. David Nieter (GER) 3:14:39
29. Sebastian Kaul (GER, Tri-Team-Waldems) 3:19:11
30. Robert Becker (GER, Spoldathlon) 3:25:53
31. Malte van Haastrecht (GER) 3:31:27

AK2 M (25-29)
1. Michael Göhner (GER, Team Erdinger Alkoholfrei) 2:02:10
2. Dag Störmer (GER) 2:14:07
3. Peter Jacob (GER) 2:18:44
4. Rainer Eberling (GER) 2:20:00
5. Romulo Bouzas (MEX, Omya Peralta Team OD) 2:20:31
6. Ulf Nosthoff (GER) 2:22:02
7. Dennis Rossmann (GER) 2:22:55
8. Lennart Hoffmann (GER) 2:23:21
9. Falko Fischer (GER) 2:23:28
10. Christian Horn (GER, Team Ruhetag Hamburg) 2:23:43
11. Jan Neubauer (GER, LC Hansa Stuhr) 2:24:09
12. Andreas Breitsprecher (GER) 2:24:46
13. Bent Weßling (GER) 2:25:09
14. Matthias Bleuel (GER) 2:25:32
15. Florian Zahn (GER) 2:25:35
16. Martin Dröll (GER) 2:25:42
17. Norman Steinbach (GER) 2:25:51

18. Frederik Salzmann (GER, TVE Greven Triathlon)	2:27:21
19. Christian Hering (GER, TÜV NORD)	2:28:16
20. Stefan Günther (GER)	2:28:27
21. Mathias Thiessen (GER)	2:28:31
22. Stefan Sammito (GER, Team Erdinger Alkoholfrei)	2:28:36
23. Henry Matthias (GER)	2:28:39
24. Thomas Berger (GER, VfL Sindelfingen Tria)	2:28:44
25. Lars Sachau (GER)	2:29:34
26. Marek Pilcicki (GER, Ernst & Young)	2:29:51
27. Ulrich Wellner (GER, Ampelsprinter.de)	2:31:15
28. Georgios Alyfantis (GER)	2:32:16
29. Aron Kankel (GER)	2:32:38
30. Pascal Winter (GER)	2:33:01
31. Philipp Kaiser (GER, Tri-As Hamm)	2:33:31
32. Stefan Stegemann (GER)	2:33:34
33. Maik Reichelt (GER, Kaifu Tri Team)	2:33:42
34. Matthias Göke (GER)	2:33:53
35. Timo Schulte (GER)	2:34:00
36. Bernd Heinemann (GER)	2:34:43
37. Jochen Schuhmacher (GER)	2:35:00
38. Sebastian Stahlkopf (GER, Ski-Club Lauf)	2:35:01
39. Stephan Riedel (GER)	2:35:13
40. Siegfried Röse (GER)	2:35:25
41. Felix Steinmann (GER)	2:35:32
42. Niels Armbrecht (GER)	2:35:38
43. Malte Rösner (GER, Elixia Triathlon Team)	2:35:39
44. Andreas Dahms (GER, AGE GROUP Olympisch)	2:35:41
45. Philip Kaden (GER, Bocholter WSV)	2:36:38
46. Frank Malcharek (GER, Meyer's Sohn)	2:37:01
47. Matthias Schröter (GER, Omya Peralta Team OD)	2:37:18
48. Robert König (GER)	2:37:26
49. Stefan Ehlert (GER)	2:37:59
50. André Süßenbach (GER, Dresdner Laufsportladen)	2:39:06
51. Timo Keil (GER)	2:39:30
52. Christoph Geyer (GER)	2:40:43
53. Hauke Matthießen (GER, TriDucks)	2:40:48
54. Vasco Brandt (GER)	2:41:35
55. Tobias Flerus (GER)	2:42:02
56. Jörg Mütze (GER)	2:43:19
57. Timo Stassen (GER, Team Ruhetag Hamburg)	2:45:38
58. Sebastian Zarnekow (GER)	2:46:14
59. Dominik Lochow (GER)	2:46:41
60. Martin Schneider (GER)	2:46:51
61. Yves Busse (GER, VELUX1)	2:47:12
62. Lars Hesemann (GER, Ernst & Young)	2:47:25
63. Max Picard (GER)	2:48:01
64. Stefan Greite (GER)	2:48:29
65. Björn Merten (GER)	2:48:33
66. Benjamin Foks (GER, TriComponents.info)	2:48:56
67. Andreas Gießmann (GER, Philips Medical Systems 2)	2:49:03
68. Kai Andres (GER)	2:49:24
69. Helge Beer (GER)	2:49:54
70. Lars Steinke (GER, DOLMAR Trio Olympia)	2:49:56
71. Ron Eckert (GER)	2:52:28
72. Sebastian Jantke (GER, Philips Medical Systems 2)	2:53:34
73. Robert Sloan (GBR, SAP Hamburg)	2:53:44
74. Tobias Brahm (GER)	2:55:12
75. Stefan Eckelmann (GER, TRI TEAM KÖNIGSLUTTER)	2:56:15
76. Jerome Pfeiffer (GER)	2:56:50
77. Oliver Eilers (GER)	2:56:55
78. Alexander Wieser (GER)	2:57:02
79. Thomas Richter (GER, Kaifu Tri Team)	2:57:10
80. Christian Thoma (GER)	2:58:19
81. Sebastian Stoye (GER, HHLA Olymp)	2:58:57
82. Benjamin Feldmann (GER)	2:59:00
83. Nils Fitschen (GER)	2:59:09
84. Jan Lange (GER)	2:59:17
85. Thomas Groitzsch (GER, Graalibu)	3:00:00
86. Michael Schlingmann (GER)	3:00:15
87. Marc Wiedemann (GER)	3:04:18
88. Remko Rausch (GER)	3:04:54
89. Andreas Boy (GER)	3:05:01
90. Mika Roiss (GER)	3:05:06
91. Benedikt Weiss (GER)	3:05:53
92. Thomas Gehlhaar (GER)	3:06:37
93. Holger Schöpper (GER)	3:06:48
94. Johannes Böttcher (GER)	3:13:29
95. Martin Schmidt (GER)	3:15:34
96. Benjamin Simon (GER, Berliner)	3:20:05
97. Michael Kreinest (GER)	3:23:17
98. Oliver Kraupner (GER)	3:23:46

AK3 M (30-34)

1. Stefan Schröter (GER, SG Wasserratten Norderstedt)	2:13:17
2. Alexander Blank (GER)	2:13:53
3. Marco Sengstock (GER)	2:16:27
4. Markus Reinert (GER, BSV-Friesen Berlin)	2:18:00
5. Matthias Lehne (GER)	2:18:06
6. Jens Rudolph (GER)	2:20:31
7. Henno Garbers (GER)	2:20:51
8. Ekkehard Mueller (GER, HT 16 Triathlon)	2:22:54
9. Christian Jahn (GER)	2:23:51
10. Lars Schlüter (GER)	2:24:28
11. Cedric Schramm (FRA)	2:24:29
12. Marc Bruhn (GER)	2:24:40
13. Michael Hippeli (GER)	2:24:47
14. Dirk Christophliemke (GER, Tri-Sport-Team-Verl)	2:25:32
15. Roland Ochsenkuehn (GER)	2:26:02
16. Christian Klingelhöfer (GER)	2:26:02
17. Carsten Scholz (GER)	2:26:07
18. Thorsten Pump (GER)	2:26:43
19. Sascha Schlude (GER)	2:27:08
20. Daniel Pacher (GER, LTAF Ahrensburg)	2:27:48
21. Patrick Büttner (GER, Tri Michels Hamburg)	2:28:03
22. Gerd Schüler (GER)	2:28:27
23. Frank Ribcke (GER, ETV-Kiel Triathlon)	2:28:33
24. Thomas Putnings (GER, Triabolos Hamburg e.V.)	2:28:48
25. Daniel Kranz (GER, Team Vierachtzig)	2:28:57
26. Holger Spiekermann (GER)	2:29:12
27. Andre Kuhn (GER)	2:29:30
28. Tobias Florian (GER, Tria Echterdingen)	2:29:42
29. Marek Wiese (GER, COLT Telecom)	2:30:08
30. Hartwig Thöne (GER)	2:30:25
31. Daniel Reinhardt (GER)	2:30:39
32. Mark D Arcy (GBR, Athletico Bacardi Team Gold)	2:30:41
33. Roland Wendt (GER)	2:30:43
34. Toni Langheinrich (GER, lg hallerstein)	2:30:56
35. Tobias Rose (GER)	2:31:40
36. Roman Küng (SUI, Athletico Bacardi Team Gold)	2:31:48
37. Erik Klein (GER)	2:31:59
38. Marc Buhl (GER)	2:32:04
39. Ulf Schneider (GER)	2:32:19
40. Thomas Kühl (GER)	2:32:37
41. Niels Laude (GER)	2:33:21
42. Campbell Jefferys (AUS)	2:33:41
43. Danny Hempe (GER)	2:33:42
44. Simon Brehmer (GER, Kraftwerk Norderstedt)	2:34:01
45. Jörn Schlüter (GER)	2:34:12
46. Andreas Schulz (GER)	2:34:24
47. Falk Borgmann (GER)	2:34:39
48. Tankred Krüger (GER)	2:35:13
49. Jan Timo Lischka (GER, Triathlon-TEAM-Witten)	2:35:38
50. Malte Schön (GER)	2:36:18
51. Andreas Kropp (GER, HTV-Team)	2:36:20
52. Benjamin Viebahn (GER)	2:36:20
53. Andreas Siegmund (GER)	2:36:50
54. Florian Stoermer (GER)	2:36:53
55. Michael Grünefeldt (GER, Elixia Triathlon Team)	2:37:21
56. Markus Raimund (GER)	2:37:22
57. Johannes Wystup (GER)	2:37:25
58. Jan Wessig (GER, werk3 Triathlon Hamburg)	2:37:43
59. Stieve Lisker (GER)	2:37:44
60. Stefan Schewe (GER)	2:38:00
61. Martin Götz (NOR)	2:38:06
62. Marc Reichling (GER)	2:38:08
63. Christian Tavarnay (GER)	2:39:14
64. Guido Hartig (GER)	2:39:22
65. Armin Froelich (GER)	2:39:25
66. Kenneth Harttgen (GER)	2:39:28
67. Jens Kulenkamp (GER)	2:39:39
68. Andre Boge (GER)	2:40:04
69. Michael Hilgärtner (GER)	2:40:26
70. Thomas Breitlow (GER, Elixia Triathlon Team)	2:40:30
71. Christian Dignas (GER)	2:41:43
72. Andree Hammann (GER)	2:41:44
73. Holger Lehmkuhl (GER, NXP Semiconductors)	2:41:50
74. Stefan Schuster (GER, LLC Marathon Regensburg)	2:42:00
75. Haider Hessan (GER)	2:42:02
76. Michael Blöcker (GER)	2:42:26
77. Hanjo Hamann (GER)	2:42:31
78. Markus Oerter (GER, Amigos del Deporte)	2:42:38
79. Nicolai Andersen (GER)	2:42:41
80. Lutz Lindigkeit (GER)	2:42:49
81. Darrel Weiss (HUN)	2:43:24
82. Sascha Weber (GER, Team Vierachtzig)	2:43:28
83. Matthias Heuser (GER)	2:43:49
84. Johannes Schmitz-Winnenthal (GER)	2:43:49
85. Niels Engelmann (GER, Brinkum-Blizzards)	2:44:00
86. Thomas Cotterell (GER)	2:44:01
87. Andre Smidt (GER, NXP Semiconductors)	2:44:06
88. Oliver Bartsch (GER)	2:44:10
89. Jan Hakenbeck (GER, Team Vierachtzig)	2:44:21
90. Gabor Benedek (HUN, Athletico Bacardi Team Bronze)	2:44:22
91. Oliver Zinnert (GER, Elixia Triathlon Team)	2:44:38
92. Roman Sommer (GER, BLV Bautzen RotWeiss 90)	2:45:08
93. Carsten Hurasky (GER)	2:45:10
94. Thomas Lypold (GER)	2:45:25
95. Felix Brandt (GER)	2:45:50
96. Christian Braasch (GER, NXP Semiconductors)	2:46:05
97. Mathias Lemke (GER, B & O Berlin)	2:46:06
98. Ramin Dibadj-Mitzlaff (GER, Kaifu Tri Team)	2:46:27
99. Thomas Glogau (GER)	2:46:28
100. Lutz Alswede (GER)	2:46:32
101. Tobias Rißler (GER, Ernst & Young)	2:46:32
102. Stephan Scholz (GER)	2:46:35
103. Alexander Alt (GER, Tri-Team Sparda Münster)	2:47:22
104. Andreas Thorwarth (GER)	2:47:33
105. Marcel Winter (GER)	2:47:41
106. Marco Kochta (GER)	2:47:44
107. Perko Matuchniak (GER, Elixia Triathlon Team)	2:47:46
108. Björn Reimann (GER)	2:48:39
109. Matthias Hardt (GER)	2:48:43
110. Henning Meißner (GER, feddersen meets sports)	2:48:56
111. Michael Meiser (GER)	2:48:59
112. Alexander Bachl (GER)	2:49:07
113. Anand Roy (GER)	2:49:17
114. Stephan Willms (GER, HAMBURG WASSER)	2:49:40
115. Henrik Niedieck (GER, Lufthansa 3)	2:49:50
116. Florian Ristig (GER)	2:50:16
117. André Görg (GER, Optisch überlegen)	2:50:18
118. Sven Wiegmann (GER)	2:50:27
119. Markus Ihne (GER)	2:50:44
120. Gerrit Prelle (GER)	2:51:16
121. Thimo Hopp (GER)	2:51:17
122. Sascha Rein (GER)	2:51:43
123. Arno Volkmann (GER)	2:51:56
124. Jan Hofmann (GER)	2:52:11
125. Stefan Kleipoedszus (GER)	2:52:24
126. Marian Süß (GER)	2:52:50
127. Martin Klein (GER)	2:53:19
128. Stephan Bütje (GER)	2:53:38
129. Nils Weber (GER, MOPO)	2:54:11
130. Florian Ernst (GER, wmco-winter)	2:54:19
131. Sascha Günther (GER)	2:54:32
132. Henri Stachelhaus (GER, Graalibu)	2:55:05
133. Andreas Goschke (GER, tesa)	2:55:30
134. Patrick Engel (GER, Besser spät als nie)	2:55:41
135. Thorsten Werning (GER)	2:55:49
136. Ralph Schubert (GER, FONDAY Tri Team)	2:56:08
137. Frank Myslisch (GER, Kölner Dreigestirn)	2:56:27
138. Philipp Wirtz (GER)	2:56:30
139. Jan Koppelmann (GER, TÜV NORD)	2:56:36
140. Torsten Fleischer (GER)	2:56:52
141. Gerrit Krug (GER)	2:57:38
142. Holm Schiering (GER)	2:58:18
143. Sven Feldmann (GER, TEAM CISCO)	2:59:19
144. Daniel Weisser (GER)	2:59:23
145. Lorenz Meyer-Minnemann (GER)	2:59:23
146. Dennis Masurat (GER, Elixia Triathlon Team)	2:59:31
147. Ingo Becker (GER)	3:00:58
148. Christian Marloh (GER)	3:03:27
148. Oscar Rodolfo Calderon (COL)	3:03:27
150. Rene Marquardt (GER)	3:04:32
151. Philipp Hofmann (GER)	3:04:32
152. Mirko Murn (GER, Lutscher)	3:05:39
153. Marcus Wetzel (GER)	3:05:49
154. Uwe Paul (GER, Tonic Brothers)	3:07:04
155. Dirk Schwan (GER)	3:07:08
156. Philipp Wappler (GER, Frosch)	3:07:34
157. Mirko Vauth (GER, Tonic Brothers)	3:07:40
158. Johannes Weidisch (AUT, Technik Triathlon Team)	3:07:58
159. Dag Bols (GER, TriDucks)	3:08:25
160. Sebastian Golombek (GER)	3:08:31
161. Mark Misselhorn (GER)	3:08:42
162. Björn Wulff (GER)	3:10:49
163. Ralph Borghaus (GER, Ernst & Young)	3:10:57
164. Markus Rohrbach (GER)	3:11:05
165. Markus Hildebrandt (GER)	3:11:13
166. Alexander Rieger (GER)	3:11:21
167. Frank Hammann (GER, Optisch überlegen)	3:12:47
168. Florian Wiedenfeld (GER)	3:14:12
169. David Chau (FRA, SOS Colonia)	3:14:43
170. Kai Sturmhöfel (GER)	3:15:34
171. Robert Oliver Zeitz (GER)	3:15:35
172. Jens Knuth (GER, Tonic Brothers)	3:18:36
173. Lars Lampe (GER)	3:19:33
174. Urs Hoernstein (GER)	3:19:57
175. Thorsten Balkmann (GER)	3:20:41
176. Erik Sadler (GER)	3:21:51
177. Jürgen Droste (GER, Alice-Triple Fun)	3:23:31

178. Stephan Nusseck (GER, Nordakademie) 3:24:33
179. Horst Wendelmuth (GER) 3:24:40
180. Michael Reinarz (GER) 3:25:16
181. Martin Zinser (GER) 3:30:43
182. Mark Müller (GER) 3:31:52
183. Rene Jung (AUT, Technik Triathlon Team) 3:40:30
184. Ole Peter Jagdt (GER) 3:41:14
185. Henning Gerstner (GER) 4:25:22

AK4 M (35-39)

1. Johannes Wessling (GER, TVE Greven Triathlon) 2:15:29
2. Jens Schuster (GER) 2:16:27
3. Thorsten Rexhausen (GER) 2:17:08
4. Achim Groenhagen (GER) 2:17:26
5. Ansgar Gorissen (GER, Lebensfitness e.V.) 2:17:29
6. Frank Baalcke (GER) 2:18:02
7. Marc-Alexandre Raissis (FRA, Triabolos Hamburg e.V.) 2:18:25
8. Stavro Petri (GER) 2:20:47
9. Hans-Rowil Ponta (GER) 2:21:27
10. Jakob Jungengrüger (GER, MTV-AURICH-TRIA) 2:21:45
11. Andreas Mausfeld (GER) 2:22:23
12. Christian Reisch (GER) 2:22:56
13. Heiko Ziemainz (GER) 2:23:10
14. Kai Heinevetter (GER, Polizei SV Ingolstadt) 2:23:20
15. Oliver Noosten (GER) 2:24:33
16. Simon Dorian (GER) 2:24:35
17. Frank Haller (GER, Triathlon Heidekreis) 2:24:58
18. Thomas Paus (GER, TSV Oettingen) 2:25:09
19. Christian Fredl (GER) 2:25:26
20. Michael Zemke (GER, lg hallerstein) 2:25:45
21. Jesper Mortensen (DEN) 2:26:03
22. Ingo Mütze (GER) 2:26:03
23. Mike Köhler (GER) 2:26:04
24. Ralf Eppink (GER) 2:26:50
25. Jordi Pinillos (ESP, Team ASICS) 2:26:51
26. Dirk Bartetzko (GER) 2:27:32
27. Dieter Zielinski (GER) 2:27:35
28. Maik Backmeyer (GER) 2:27:36
29. Niko Keridis (GER) 2:27:41
30. Jens Bagge (GER, LSKW Bad Lauterberg) 2:27:49
31. Matthias Hof (GER, Team Erdinger Alkoholfrei) 2:27:49
32. Oliver Zimmermann (GER, Omya Peralta Team OD) 2:27:56
33. Philipp Haberstock (GER, Der Club) 2:27:58
34. Klaus Cuti (GER) 2:28:09
35. Michael Fahey (USA, Affinion) 2:28:10
36. Alexander Clauss (GER, Wetterauer) 2:28:34
37. Frank Roeger (GER) 2:28:42
38. Andreas Jorch (GER, Wir95Vier) 2:28:47
39. Markus Nobbe (GER) 2:28:50
40. Wilderich Thyen (GER) 2:29:06
41. Sven Sedmann (GER) 2:29:13
42. Matthias Voß (GER, Otto Wulff Bauunternehmen) 2:29:28
43. Ulrich Neteler (GER) 2:29:35
44. Andreas Schmück (GER, Infanterieschule) 2:29:48
45. Lars-Christian Uhlig (GER) 2:29:52
46. Michael Scholze (GER, Team Maik Petzold) 2:30:01
47. Christian Humlach (GER, Polizei SV Ingolstadt) 2:30:05
48. Gregor Kutschka (GER, Elixia Triathlon Team) 2:30:06
49. Patrick Raschke (GER) 2:30:10
50. Heiko Klimke (GER) 2:30:37
51. Dirk Rösener (GER) 2:30:37
52. Thomas Wieneke (GER, Athletico Bacardi Team Gold) 2:30:52
53. David Gutwald (GER) 2:30:55
54. Ramsi Mekkioui (GER) 2:30:57
55. Thomas Wichmann (GER) 2:31:18
56. Udo Bergmeier (GER) 2:31:32
57. Oliver Kielmann (GER) 2:31:37
58. Ulrich Meyer (GER, TriDucks) 2:31:46
59. Christian Zahn (GER) 2:32:00
60. Jan Rexroth (GER) 2:32:18
60. Kay Ehlers (GER) 2:32:18
62. Mike Gutowski (GER) 2:32:20
63. Andreas Meyer (GER) 2:32:58
64. Guido Schöneborn (GER) 2:33:21
65. Thorsten Kaminsky (GER, Ampelsprinter.de) 2:33:22
66. Thomas Kramme (GER) 2:33:33
67. Soeren Helbing (GER) 2:33:35
68. Reiner Sperlich (GER, SV Jungingen) 2:33:47
69. Stefan Ritter (GER) 2:33:52
70. Gunther Asbeck (GER) 2:33:54
71. Oliver Wagner (GER, StG Sunshine Tri-Team Ham) 2:33:56
72. Eric Hagenow (GER) 2:34:05
73. Søren Pomykala (DEN) 2:34:19
74. Wojtek Korba (GER) 2:34:21
75. Carsten Mandrys (GER) 2:34:30
76. Carsten Korén (GER) 2:34:40
77. Tobias Lachmann (GER) 2:34:43
78. Martin Guszewski (GER) 2:34:45
79. Christian Obst (GER) 2:34:52
80. Christian Meermann (GER) 2:35:06
81. Oliver Fink (GER, Trilöwen) 2:35:12
82. Jan Oldenburg (GER) 2:35:18
83. Ulrich Strecker (GER) 2:35:19
84. Jens Ammon (GER) 2:35:51
85. Olav Niedieck (GER, Lufthansa 3) 2:36:06
86. Manfred Strych (GER) 2:36:08
87. Björn Grunwald (GER, tripleX) 2:36:18
88. Thomas Bausewein (GER) 2:36:19
89. Dirk Timmann (GER) 2:36:21
90. Reimer Jörg (GER, Lufthansa 3) 2:36:22
91. Maik Graf (GER) 2:36:25
92. Ian Morrison (GBR) 2:36:30
93. Swen Kählert (GER, Kaifu Tri Team) 2:36:42
94. Jens Friedrich (GER, ETV-Kiel Triathlon) 2:36:48
95. Gerd Buß (GER) 2:36:50
96. Matthias Fassbender (GER) 2:36:52
97. Marten Kähler (GER, Team Erdinger Alkoholfrei) 2:36:58
98. Thomas Jerosch (GER, Otto Wulff Bauunternehmen) 2:36:58
99. Clemens Manke (GER) 2:37:01
100. Stefan Zander (GER, Pfälzer Strolche) 2:37:03
101. Kay Spreckelsen (GER) 2:37:04
102. Knud Kielmann (GER) 2:37:14
103. Thorsten Stohldreier (GER) 2:37:24
104. Jens Schwarte (GER) 2:37:32
105. Frank Löffler (GER, Tri Michels Hamburg) 2:37:37
106. Andreas Firnhaber (GER) 2:37:40
107. Uli Becker-Wiedemann (GER) 2:37:51
108. Heinz-Josef von Laar (GER) 2:37:56
109. Mirko Handschur (GER, Sparkasse Hannover) 2:37:58
110. Thomas Matzner (GER) 2:38:01
111. Lars Menge (GER, vwtristars) 2:38:22
112. Dirk Manke (GER, Philips Medical Systems 1) 2:38:24
113. Ulli Krastev (GER, Athletico Bacardi Team Gold) 2:38:24
114. Henrik Schmidt (GER) 2:38:28
115. Matthias Rohra (GER) 2:38:37
116. Norbert Poch (GER) 2:38:52
117. Henrik Storr (GER, Athletico Bacardi Team Bronze) 2:38:55
118. Volker Kaese (GER, vwtristars) 2:39:01
119. Stefan Hüppe (GER) 2:39:14
120. Christian Collingro (GER, Radunion Hamburg) 2:39:18
121. Michael Lissek (GER, Lifepark-Max/Epos-Cat) 2:39:19
122. Thorsten Brandt (GER) 2:39:28
123. Christoph Kunze (GER) 2:39:34
124. Stephen Tomlisson (GBR) 2:39:34
125. Matthias Berger (GER) 2:39:40
126. Carsten Unbehaun (GER, Team ASICS) 2:39:50
127. Frank Schmiedecke (GER) 2:39:52
128. Marco Resech (GER) 2:39:59
129. Markus Eisele (GER, Tri-Team Sparda Münster) 2:40:00
130. Dierk Lewandowski (GER) 2:40:11
131. Hauke Kock (GER) 2:40:24
132. Michael Proch (GER, MSV Hamburger Ärzte) 2:40:25
133. Ingo Frase (GER) 2:40:28
134. Soeren Schnarre (GER, Elixia Triathlon Team) 2:40:45
135. Mathias Schwenn (GER) 2:40:46
136. Henning Müller (GER) 2:40:55
137. Jochen Eckert (GER, Cool Running) 2:40:57
138. Oliver Schwebel (GER) 2:40:59
139. Hauke Hinderlich (GER) 2:41:01
140. Andreas Moede (GER, Technik Triathlon Team) 2:41:02
141. Martin Wiebicke (GER) 2:41:12
142. Thomas Igel (GER, Wir95Vier) 2:41:25
143. Wolfram Trinius (GER, Tri Michels Hamburg) 2:41:28
144. Markus Urbatsch (GER) 2:41:29
145. Volker Reussner (GER, Triathlon Wetterau) 2:41:46
146. Thorsten Schulz (GER, Amigos del Deporte) 2:41:46
147. Matthias Albers (GER, Otto Wulff Bauunternehmen) 2:42:02
148. Arne Zimmermann (GER, A3K Berlin) 2:42:03
149. Jörg Rinsche (GER) 2:42:12
150. Michael Arndt (GER, BSG Holsten) 2:42:13
151. Holger Koehler (GER) 2:42:15
152. Carsten Wittkop (GER, Lüneburg) 2:42:16
153. Patric Werno (GER) 2:42:23
154. Christian Toetzke (GER) 2:42:26
155. Harry Sawatzki (GER) 2:42:31
156. Joachim Auer (GER) 2:42:37
157. Matthias Bungartz (GER, tripleX) 2:42:42
158. Oliver Günther (GER, turboschnecke) 2:42:43
159. Jörg Bantin (GER) 2:42:45
160. Matthias Schütz (GER, Kaifu Tri Team) 2:42:54
161. Rajiv Giri (GER) 2:42:55
162. Manuel Durain (GER) 2:42:55
163. Wolfgang Spies (GER, Infanterieschule) 2:43:09
164. Ingo Becker (GER) 2:43:12
165. Olaf Meinssen (GER, Elixia Triathlon Team) 2:43:14
166. Ralf Korte (GER) 2:43:15
167. Frank Burkhardt (GER) 2:43:22
168. Sven Stamer (GER, Pfeffersäcke) 2:43:37
169. Volkmar Polz (GER) 2:43:48
170. Roland Molitor (GER) 2:43:58
171. Etienne Schubert (GER) 2:44:13
172. Markus Kehr (GER) 2:44:14
173. Christoph Riedemann (GER) 2:44:14
174. Jochen Höchstötter (GER) 2:44:21
175. Markus Schneider (GER) 2:44:29
176. Bernd Köhler (GER) 2:44:40
177. Joachim Dreykluft (GER) 2:44:58
178. Björn Loss (GER, P+P Shop Hamburg) 2:45:02
179. Uwe Czesnat (GER) 2:45:09
180. Mathias Nagel (GER) 2:45:19
181. Roman Stettler (SUI, Team Erdinger Alkoholfrei) 2:45:28
182. Florian Went (GER) 2:45:29
183. Steffen Baumbach (GER) 2:45:36
184. Michael Martinet (GER, TRIKI TEAM) 2:45:43
185. Stefan Amiri (GER) 2:45:46
186. Elmar Bassen (GER) 2:45:54
187. Bernd Schulz (GER) 2:45:55
188. Marcus Bloens (GER) 2:45:59
189. Edward Vuckovic (GER) 2:46:07
190. Niels Rostren (GER) 2:46:14
191. Karsten Schnieber (GER) 2:46:23
192. Jochen Ohrdorf (GER, Omya Peralta Team 7) 2:46:43
193. Andreas Maak (GER) 2:46:50
194. Patrick Müller (GER) 2:47:03
195. Niels Schulz-Ruhtenberg (GER) 2:47:03
196. Carsten Köhler (GER, OSCARR) 2:47:08
197. Stefan Thiessen (GER, Silbersack) 2:47:10
198. Jens Büskens (GER) 2:47:16
199. Ramon Berges (GER) 2:47:17
200. Uwe Thomas (GER) 2:47:20
201. Kai Gülzow (GER) 2:47:22
202. Jonas Fischer (GER) 2:47:37
203. Alexander Hildebrand (GER, Athletico Bacardi Team) 2:47:37
204. Marco Vollus (GER) 2:47:43
205. Bert Escher (GER) 2:47:44
206. Philippe Bartels (GER) 2:47:45
207. Uwe Roepke (GER) 2:47:49
208. Alexander Grundmann (GER) 2:47:52
209. Jörn Große (GER) 2:48:07
210. Stefan Bogatzki (GER) 2:48:14
211. Heiko Eisert (GER) 2:48:18
212. Wilhelm Hollnagel (GER, Otto Wulff Bauunternehmen) 2:48:19
213. Marcus Kaben (GER) 2:48:23
214. Arne Koch (GER, Elixia Triathlon Team) 2:48:32
215. Bernd Kuhrmann (GER, Philips Medical Systems 2) 2:48:42
216. Marc Freytag (GER) 2:49:03
217. Marco Gerritsen (GER) 2:49:13
218. Carsten Freese (GER) 2:49:19
219. Bernd Cordes (GER) 2:49:20
220. Carsten Stapke (GER) 2:49:23
221. Olaf Märtens (GER, Philips Medical Systems 1) 2:49:24
222. Kai Nitz (GER, Nippon) 2:49:33
223. Peter Roller (GER, Wir95Vier) 2:49:50
224. Jan Friedrich Brinkmann (GER, tripleX) 2:49:52
225. Andreas Bömer (GER) 2:49:58
226. Thorsten Priebe (GER, Herrenkränzchen) 2:50:05
227. Andrej Müller (GER, Gianni Motta) 2:50:06
228. Thorsten Wolthausen (GER, NXP Semiconductors) 2:50:24
229. Oliver Gooß (GER) 2:50:26
230. Gamal Attia (GER, Elixia Triathlon Team) 2:50:32
231. Jan Eckert (GER) 2:50:36
232. Stefan Nöthen (GER) 2:50:38
233. Gordon Konieczny (GER, Elixia Triathlon Team) 2:50:42
234. Manuel Kain (GER, Elixia Triathlon Team) 2:50:51
235. Andreas Gbur (GER) 2:50:55
236. Julius Hansen (GER) 2:50:55
237. Rolf Henke (GER, So viel Zeit muss sein!) 2:51:03
238. Daniel Stellwagen (GER, tesa) 2:51:19
239. Dirk Möller (GER) 2:51:22
240. Udo Wilfert (GER) 2:51:25
241. Ulf Müller-Romberg (GER) 2:51:27
242. Keena Braun (GER) 2:51:28
243. Michael Schüler (GER) 2:51:35
244. Ullrich Schöpker (GER) 2:51:39
245. Martin Thiel (GER) 2:51:41
246. Dietmar Junkereit (GER, SAP Hamburg) 2:51:46
247. thomas Hahn (GER) 2:51:46
248. Sascha Bigler (SUI, Athletico Bacardi Team Gold) 2:51:58
249. Malte Masloff (GER, gaidies+partner) 2:52:17
250. Robert Paap (GER, Esbit-Seeland) 2:52:21

251. Olaf Beckedorf (GER, Esbit-Seeland) 2:52:21
252. Edwin Hundgeburth (GER) 2:52:25
253. Stefan Kutz (GER, SOS Colonia) 2:52:25
254. Leif Rühle (GER) 2:52:28
255. Florian Schultz (GER) 2:52:37
256. Udo Zielke (GER, tesa) 2:52:50
257. Fabian Bühring (GER, Alice-Triple Fun) 2:52:57
258. Mike Kesselring (GER) 2:52:59
259. Kimmo Palmu (FIN, Hamburg Wasser 3) 2:53:04
260. Axel Karkowski (GER) 2:53:11
261. Hubert Hell (GER) 2:53:15
262. Ralf Kiermaier (GER) 2:53:20
263. Thomas Reiners (GER) 2:53:23
264. Udo Hübner (GER, HAMBURG WASSER) 2:53:36
265. Frank Reichenberg (GER) 2:53:55
266. Ingo Lenzing (GER) 2:53:57
267. Thomas Harald Bauer (AUT, Elixia Triathlon Team) 2:54:13
268. Stefan Nowak (GER) 2:54:22
269. Marcel Münch (GER) 2:54:30
270. Jeff Hughes (USA) 2:54:45
271. Axel von Schwerin (GER, sprinter3) 2:54:51
272. Malte Gyllensvärd (GER) 2:54:55
273. Dirk Storm (GER) 2:55:07
274. Holger Helbing (GER) 2:55:11
275. Dietmar Heyen (GER) 2:55:15
276. Dirk Kornführer (GER) 2:55:15
277. André Monka (GER) 2:55:28
278. Matthias Garwels (GER) 2:55:45
279. Andreas Pfister (GER) 2:55:53
280. Oliver Wrobel (GER) 2:55:54
281. Jörg Lausen (GER) 2:55:55
282. Thomas Meyer (GER) 2:56:29
283. Jens Schwegmann (GER) 2:56:32
284. Frank Biskup (GER) 2:56:38
285. Andre Dangers (GER) 2:56:43
286. Tom Ihle (GER) 2:56:49
287. Thomas Rutsch (GER) 2:56:52
288. Stefan Hutsch (GER) 2:56:53
289. Arno Jester (GER) 2:56:54
290. Michael Strokosch (GER, Kaifu Tri Team) 2:56:58
291. Markus Heppner (GER) 2:57:04
292. Jörn Paterak (GER) 2:57:08
293. Thomas Leppert (GER) 2:57:15
294. Torsten Völkers (GER, VAF-Olympisch) 2:57:31
295. Knut Walter (GER) 2:57:39
296. Peter Bos (NED, Elixia Triathlon Team) 2:57:39
297. Jan Marquardt (GER, HHLA Olymp) 2:57:41
298. Volker Aschmann (GER) 2:57:45
299. Jochen Dittrich (GER) 2:58:00
300. Jens Pelikan (GER, more events) 2:58:27
301. Maik Lutze (GER) 2:58:32
302. Jan-Till Manzius (GER) 2:58:52
303. Sven Lischinsky (GER) 2:58:58
304. Ingo Reppnack (GER) 2:59:01
305. Marcus Schröder (GER) 2:59:03
306. Martin Rohwer (GER) 2:59:07
307. Stefan Obst (GER) 2:59:17
308. Volker Heitbrink (GER) 2:59:25
309. Sven Pankau (GER, Coolrunners) 2:59:26
310. Hauke Ortmann (GER, Alice-Triple Play) 2:59:38
311. Nils Rohde (GER) 2:59:50
312. Robert Blum (GER) 3:00:02
313. Daniel Zoch (GER) 3:00:06
314. Michael Czirniok (GER) 3:00:07
315. Bernd Schober (GER) 3:00:23
316. Ralf Böttger (GER, OSCARR) 3:00:34
317. Stephan Hieke (GER) 3:00:42
318. Sven van Zoest (GER, SOS Colonia) 3:00:43
319. Gregor Holm (GER) 3:00:47
320. Ingo Maximilian Lensing (GER, E.ON Hanse 3) 3:00:48
321. Dirk Zobel (GER, Erdinger Alkoholfrei) 3:00:57
322. Oliver Nolting (GER) 3:01:04
323. Stefan Littig (GER, VAF-Olympisch) 3:01:13
324. Claus Hahne (GER) 3:01:38
325. Philipp Schwarz (GER) 3:02:05
326. Boris Kemper (GER, ARAG World Team Cup) 3:02:16
327. Jörg Hildebrandt (GER) 3:02:17
328. Harald Apfelthaler (AUT, Technik Triathlon Team) 3:02:32
329. Torsten Weigt (GER) 3:02:37
330. Jan Heinsohn (GER, Team Tiketitan) 3:02:38
331. Heiko Geffert (GER, Tri Michels) 3:02:41
332. Oliver Lemke (GER) 3:02:42
333. TOBIAS STAMER (GER, Pfeffersäcke) 3:03:02
334. René Kaschel (GER, OSCARR) 3:03:19
335. Tim Greve (GER, Sharp) 3:03:43
336. Carsten Müller (GER) 3:04:02
337. Florian Plehn (GER) 3:04:12
338. Marco Voß (GER) 3:04:17
339. Markus Krause (GER) 3:04:22
340. Ulrich Berger (GER) 3:04:25
341. Detlef Trochemowitz (GER) 3:04:29
342. Sascha Eichel (GER) 3:04:32
343. Steve Batty (GER, Silbersack) 3:04:32
344. Thorsten Bertram (GER) 3:04:52
345. Stefan Kraski (GER) 3:05:03
346. Thomas Kassun (GER) 3:05:32
347. Thorsten Schölermann (GER, Tri-As Hamm) 3:05:36
348. Markus Niemann (GER, Kuhrmann) 3:05:56
349. Jan Semmerow (GER, Ernst & Young) 3:06:05
350. Michael Duffe (GER) 3:06:20
351. Kai Tullius (GER) 3:06:28
352. Arwed Wagner (GER, Speichenlecker) 3:06:32
353. Christopher Gollnow (GER) 3:06:39
354. Sven Bergk (GER) 3:06:46
355. Daniel Kazmierczak (GER) 3:06:57
356. Kay Utecht (GER, Alice-Triple Play) 3:07:04
357. Christoph Müller (GER) 3:07:25
358. Dieter Genske (GER) 3:07:32
359. Markus Stuhr (GER) 3:08:06
360. Carsten Fraszczak (GER) 3:08:11
361. Olaf Wilken (GER) 3:08:25
362. Walter Bähr (CHL) 3:08:33
363. Ralf Bartsch (GER) 3:09:36
364. Christoph Dahm (GER) 3:09:49
365. Lars Menge (GER) 3:09:56
366. Alexander Schultz (GER) 3:10:26
367. Andreas Rolf (GER, Optisch überlegen) 3:10:29
368. Knut Diehlmann (GER, ARAG World Team Cup) 3:10:32
369. Volker Kestner (GER) 3:10:51
370. Lüder Dähncke (GER, Krabbe) 3:11:33
371. Stephan Scholla (GER, Amigos del Deporte) 3:12:00
372. Wiebe Werber (GER) 3:13:03
373. Oliver Gerdes (GER) 3:13:43
374. Mark Gunell (GBR) 3:14:14
375. Axel Böhmer (GER) 3:14:18
376. Marco Wilde (GER, Technik Triathlon Team) 3:14:24
377. Andreas Hohn (GER) 3:14:53
378. Carsten Degen (GER) 3:15:45
379. Marcus Fuchs (GER) 3:15:45
380. Jan Patrick Voller (GER) 3:16:04
381. Thomas Henn (GER) 3:16:18
382. Thomas Mau (GER) 3:16:44
383. Ralf Glowacz (GER) 3:16:52
384. Andé Mundt (GER, OSCARR) 3:18:05
385. Oliver Heß (GER) 3:19:47
386. Jan Thommen (GER) 3:20:13
387. Carsten Mohr (GER, Meyer's Sohn) 3:20:36
388. Oliver Mecklenburg (GER) 3:23:16
389. Holger Ordemann (GER) 3:23:42
390. Volker Scheid (GER, Ernst & Young) 3:23:55
391. Uve Samuels (GER) 3:23:57
392. Tim Gero Goerigk (GER) 3:27:42
393. Klaus Bruchhäuser (GER) 3:27:56
394. Manuk Babayan (GER) 3:30:15
395. Nicolaus Voswinckel (GER) 3:31:30
396. Patrick Voelkel (GER) 3:32:38
397. Carl-Heinz Klimmer (GER, Ernst & Young) 3:34:23
398. Marco Stilkenbäumer (GER) 3:36:38
399. Wolfgang Bell (GER) 3:37:07
400. Stephan Klüver (GER) 3:40:26
401. Lars Mehler (GER) 3:44:53
402. Stefan Evers (GER) 3:48:23
403. Jose Gasca (MEX) 3:56:38

Senioren 1 M (40-44)

1. Volker Orthmann (GER) 2:09:46
2. Michael Brell (GER, SG Wasserratten Norderstedt) 2:14:40
3. Johann Oswald (GER, SSCBG) 2:14:40
4. Björn Bergmann (GER) 2:15:04
5. Detlef Nachtigall (GER) 2:15:12
6. Marcel Wüst (GER) 2:16:01
7. Bernd Porath (GER, Tri Team TG Lage) 2:19:01
8. Sven Behrens (GER) 2:19:02
9. Frank Wilcke (GER) 2:19:25
10. Dirk Petzel (GER) 2:19:48
11. Jens Schönbohm (GER, RC Endspurt Herford) 2:21:09
12. Michael Balmberger (GER) 2:22:03
13. Tim Würfel (GER) 2:22:27
14. Rudi Kirschenhofer (GER) 2:22:52
15. Volker Eschle (GER) 2:22:56
16. Michael Nottebohm (GER, Kampfschwein) 2:23:34
17. Reinhard Schroers (GER, Gianni Motta) 2:23:39
18. Norbert Weide (GER) 2:24:24
19. Björn Blazynski (GER, Germanischer Lloyd) 2:25:16
20. Arno Kewerkopf (GER, leickspeed) 2:25:37
21. Bernhard Bambas (GER) 2:26:05
22. Thomas Tzschentke (GER, TEAM CISCO) 2:26:08
23. Matthias Watta (GER) 2:26:23
24. Axel Steinbrinker (GER) 2:26:27
25. Jens Zimmermann (GER, Otto Wulff Bauunternehmen) 2:26:39
26. Matthias Kasper (GER) 2:26:41
27. Christian Hausmann (GER, CIS Amberg) 2:26:50
28. Stefan Wengenmayr (GER) 2:27:10
29. Dirk Backhausen (GER, Germanischer Lloyd) 2:27:11
30. Edmar Ekels (NED, LTU Team Triathlon) 2:27:33
31. Oliver Harms (GER) 2:27:38
32. Tobias Hatje (GER) 2:27:55
33. Eckhart Schmidt (GER) 2:28:06
34. Stephan Hillmer (GER) 2:28:28
35. Gernot Baur (GER, HNT Triathlon) 2:28:28
36. Axel Krause (GER) 2:28:36
37. Jörg Dettmer (GER, Athletico Bacardi Team Gold) 2:28:41
38. Ivo Tiemann (GER, MTV-AURICH-TRIA) 2:29:09
39. Bernd Pille (GER, NXP Semiconductors) 2:29:13
40. Stefan Thurm (GER) 2:29:42
41. Stefan Weber (GER) 2:29:45
42. Stephan Mock (GER) 2:30:00
43. Kurosch Hojabri (GER, MSV Hamburger Ärzte) 2:30:03
44. Guido Quanz (GER, Brain Pain) 2:30:05
45. Andreas Maas (GER) 2:30:11
46. Rudolf Melching (GER) 2:30:11
47. Carsten Kretzschmar (GER) 2:30:42
48. Andreas Neuffer (GER, Brain Pain) 2:30:59
49. Folkhard Hencke (GER, Meyer's Sohn) 2:31:24
50. Slobodan Vucinic (GER) 2:31:25
51. Ralph Potulski (GER) 2:31:33
52. Thomas Brand (GER, Infanterieschule) 2:31:40
53. Bernd Horchler (GER, Elixia Triathlon Team) 2:31:56
54. Markus Schön (GER, Pfälzer Strolche) 2:32:05
55. Eckhard Hinderer (GER, TSV Erbach) 2:32:46
56. Dierk Surenbrock (GER) 2:32:56
57. Christian Schön (GER, Lebensfitness e.V.) 2:33:08
58. Jürgen Utz (GER, Elixia Triathlon Team) 2:33:10
59. Tobias Broch (GER) 2:33:34
60. Jan Prüß (GER, Elixia Triathlon Team) 2:33:41
61. Rene Schiwig (GER) 2:33:46
62. Thomas Muhr (GER) 2:33:49
63. Stefan Lukas (GER, WRAG Tria-Team) 2:34:02
64. Per Wenzel (DEN) 2:34:06
65. Lutz Jusko (GER) 2:34:11
66. Günter Nienaber (GER) 2:34:14
67. Marc Bogaczynski (GER) 2:34:24
68. Holger Masuch (GER) 2:34:39
69. Volker Sehring (GER, TuS Griesheim) 2:34:49
70. Udo Wolf (GER, Triabolos Hamburg e.V.) 2:35:27
71. Martin Kersting (GER) 2:35:28
72. Klaus Ermlich (GER) 2:35:34
73. Jörn Westphal (GER) 2:35:37
74. Bernd Jiptner (GER, Infanterieschule) 2:35:37
75. Marcus Buchkremer (GER) 2:35:42
76. Konrad Schmutte (GER, tesa) 2:35:49
77. Harald Menker (GER, Sieger Team TVE Netphen) 2:35:56
78. Robert Neumann (GER) 2:36:02
79. Uwe Schneider (GER) 2:36:22
80. Torsten Behle (GER) 2:36:26
81. Carsten Gattinger (GER) 2:36:33
82. Volker Nicolai (GER, NXP Semiconductors) 2:36:41
83. Peter Smeets (GER) 2:36:43
84. Carsten Meyer (GER) 2:36:52
85. Hjalmar Vierle (GER) 2:37:01
86. Christoph Bartzsch (GER) 2:37:04
87. Stephan Rehn (GER) 2:37:07
88. André Breitenstein (GER) 2:37:26
89. Frank Schmidt (GER) 2:37:30
90. Thomas Wernz (GER, Wassersportverein Lampertheim) 2:37:31
91. Holger Schueddekopf (GER) 2:37:39
92. Torsten Jentsch (GER) 2:37:41
93. Nico Selent (GER) 2:37:41
94. Thomas Königbauer (GER, Team Baier Landshut) 2:37:50
95. Alexander Wenrich (GER, BSG Volksfürsorge) 2:37:52
96. Michael Scheppelmann (GER, Speichenlecker) 2:38:00
97. Thoralf Friedrich (GER, HTV-Team) 2:38:18
98. Andreas Bellscheidt (GER) 2:38:19
99. Lars Hoock (GER) 2:38:42
100. Karsten Bondzio (GER) 2:38:44
101. Roman Klinkert (GER) 2:38:49
102. Cornelius Hünemeyer (GER, Hamburg Wasser 3) 2:38:51
103. Ulf Harnack (GER) 2:39:02
104. Markus Kersting (GER) 2:39:04
105. Thomas Ibs (GER) 2:39:05

106. Wolfgang Wilm (GER, Infanterieschule) 2:39:08
107. Ronald Hahn (GER, Philips Medical Systems 1) 2:39:11
108. Achim Vehn (GER) 2:39:16
109. Sven-Iver Westergaard (GER) 2:39:22
110. Enno Jäger (GER, Hamburg Wasser 3) 2:39:29
111. Markus Müller (GER, TRIKI TEAM) 2:39:30
112. Jost Niggemann (GER) 2:39:38
113. Ingo Schummer (GER) 2:39:50
114. Karsten Reiß (GER) 2:39:55
115. Frank Schreiber (GER) 2:39:56
116. Joachim Braun (GER) 2:39:57
117. Valerio Di Bari (ITA) 2:40:04
118. Matthias Jacobsen (GER) 2:40:13
119. Christian Prüller (GER) 2:40:16
120. Matthias Gramm-Schwarze (GER, LSKW Bad Lauterberg) 2:40:16
121. Norbert Bruns (GER) 2:40:29
122. Jan A. Drost (NED, Treibanker) 2:40:43
123. Frank von Feldmann (GER) 2:40:47
124. Jan Lawrentz (GER) 2:41:10
125. Heiko Bearzatto (GER, SV URY) 2:41:13
126. Eric Rottmann (GER) 2:41:14
127. Stephan Ommerborn (GER, CRT) 2:41:18
128. Enno Beermann (GER, Triabolos Hamburg e.V.) 2:41:27
129. Claus Mordhorst (GER, NXP Semiconductors) 2:41:37
130. Stefan Bobzin (GER) 2:41:42
131. Per Feddersen (GER) 2:41:44
132. Torsten Marc Linder (GER, VAF-Rückraum) 2:41:53
132. Carsten Kohlmann (GER) 2:41:53
134. Frank Hoffmann (GER) 2:41:56
135. Patrick Bässler (GER) 2:42:22
136. Uwe Bartosch (GER) 2:42:22
137. Stephan Keufen (GER, TuS Griesheim) 2:42:26
138. Roland Joost (GER) 2:42:27
139. Nikolai Buroh (GER) 2:42:39
140. Andreas Münzer (GER) 2:42:40
141. Thorsten Haskamp (GER, Hamburg Wasser 3) 2:42:46
142. Ralf Gschwander (GER) 2:43:05
143. Rainer Depre (GER) 2:43:11
144. Michael Lewandowski (GER) 2:43:11
145. Martin Schneider (GER) 2:43:19
146. Rainer Hottendorf (GER) 2:43:21
147. Frank Rusche (GER) 2:43:25
148. Heiko Winter (GER) 2:43:30
149. Jörg Krämer (GER) 2:43:34
150. Michael Rexroth (GER) 2:43:36
151. Thorsten Zielberg (GER) 2:43:50
152. Ingo Räder (GER) 2:43:51
153. Stefan Winkler (GER) 2:44:03
154. Andreas Grosse-Holz (GER, Montag 18:45) 2:44:14
155. Oliver Wurst (GER) 2:44:15
156. Detlev le Juge (GER) 2:44:15
157. Jens Einhaus (GER) 2:44:19
158. Frank Grebe (GER) 2:44:22
159. Hans-Christian Behrens (GER, HAMBURG WASSER) 2:44:26
160. Thomas Fiedler (GER, Triabolos Hamburg e.V.) 2:44:26
161. Jens Beck (GER) 2:44:36
162. Frank Martens (GER) 2:44:48
163. Ed Richter (GER) 2:44:54
164. Toni Ventura Creus (ESP, Athletico Bacardi Team Silber) 2:44:56
165. Ullrich Fischer (GER, IPC) 2:45:02
166. Roman Wehrs (GER) 2:45:18
167. Reiner Kowalzik (GER, Pirate) 2:45:25
168. Stefan Müller (GER) 2:45:26
169. Carsten Blatt (GER, Harte Waden) 2:45:29
170. Gert Kaessens (GER, Meyer's Sohn) 2:45:33
171. Michael Kaiser (GER, fit'M'fly) 2:45:36
172. Klaus Stöckl (GER) 2:45:36
173. Helmut Walter (GER) 2:45:47
174. Thorsten Schröder (GER) 2:45:56
175. Niels Martens (GER, HHLA Olymp) 2:45:57
176. Manfred Gude (GER, SC Altenrheine 1) 2:45:59
177. Detlef Fritsche (GER) 2:46:09
178. Achim Achilles (GER, Dicke Mädchen) 2:46:14
179. Björn Bloching (GER) 2:46:18
180. Jan Zurek (GER) 2:46:28
181. Matthias Jahn (GER, Elixia Triathlon Team) 2:46:28
182. Andreas Waßerburger (GER, Jetzt oder nie) 2:46:28
183. Thomas Lengsfeld (GER, TV Hatzenbühl Triathlon) 2:46:38
184. Martin Strößner (GER) 2:46:39
185. Stefan Radau (GER, E.ON Hanse 3) 2:46:44
186. Dirk Karrasch (GER, Affinion) 2:46:46
187. Burghart Regehr (URY) 2:46:57
188. Thomas Greiser (GER, VELUX1) 2:47:12
189. Frank Debus (GER) 2:47:27
190. Michael Lintl (GER) 2:47:38
191. Peter J. Flathmann (GER) 2:47:44
192. André Stabenow (GER) 2:47:44
193. Heiko Stoppe (GER) 2:47:47
194. Holger Burmeister (GER) 2:47:50
195. Michael Jux (GER, SG Stern) 2:48:01
196. Martin Schneider (GER) 2:48:01
197. Christoph Knobloch (GER) 2:48:05
198. Gerd Schaldach (GER) 2:48:17
199. Peter Brandt (GER) 2:48:37
200. Ingo Weber (GER) 2:49:18
201. Gilbert Lemmer (GER) 2:49:19
202. Michael Mühlbach (GER) 2:49:19
203. Frank Heyer (GER) 2:49:21
204. Christian Ewert (GER, Tri Michels Hamburg) 2:49:22
205. Timo Kohl (GER) 2:49:29
206. Christian Precht (GER) 2:49:29
207. Jörn Oltmann (GER) 2:49:33
208. Jörn Krüger (GER) 2:49:35
209. Ulrich Feistel (GER) 2:49:38
210. Mike Möbius (GER) 2:49:46
211. Jürn Edzards (GER) 2:49:52
212. Frank Wessner (GER) 2:49:55
213. Sönke Wagener (GER, Otto Wulff Bauunternehmen) 2:50:01
214. Andreas Kintzel (GER) 2:50:03
215. Alexander Keck (GER) 2:50:05
216. Martin Goyne (GER) 2:50:07
217. Roy Witte (GER) 2:50:17
218. Arne Finze (GER) 2:50:19
219. Erik Lindner (GER) 2:50:36
220. Bernd Warkentien (GER, E.ON Hanse 3) 2:50:39
221. Jörg Karweg (GER, Fichte Hagen TriTeam) 2:50:45
222. Karsten Gadow (GER, Bergziegen Hasloh) 2:50:48
223. Michael Hoppe (GER) 2:50:48
224. Bernd Friedrich (GER) 2:50:50
225. Georg Friedrich Doll (GER) 2:51:01
226. Ruediger Koziol (GER) 2:51:19
227. Thomas Gerstenberger (GER, Otto Wulff Bauunternehmen) 2:51:24
228. Björn Molchin (GER, SG Wasserratten Norderstedt) 2:51:26
229. Thomas Wiesmann (GER) 2:51:29
230. Michael Biermann (GER) 2:51:38
231. Jochen Delfs (GER) 2:51:39
232. Dirk Holzammer (GER) 2:52:03
233. Kai Lippert (GER) 2:52:05
234. Olaf Johansson (GER, Langschläfer) 2:52:07
235. Christian von Lindheim (GER, alumen) 2:52:12
236. Michael Nehlsen (GER) 2:52:28
237. Stephan Bugiel (GER) 2:52:31
238. Peter Capelle (GER) 2:52:36
239. Uwe Tegtbur (GER, medtri) 2:52:37
240. Olaf Beuthien (GER) 2:52:57
241. Dirk Warneke (GER, korrekt kraft) 2:53:07
242. Martin Schmidt (GER, Triathlon-TEAM-Witten) 2:53:13
243. Matthias Hoenisch (GER, giropay) 2:53:20
244. Georg Huff (GER) 2:53:37
245. Roland Berg (GER, HAMBURG WASSER) 2:53:53
246. Gregor Walter (GER) 2:53:59
247. Christian Osner (GER) 2:54:12
248. Heiko Andersson (GER) 2:54:16
249. Frank Dieckmann (GER, LTU Team Triathlon) 2:54:17
250. Andre Endruweit (GER) 2:54:21
251. Torsten H. Wagner (GER) 2:54:26
252. Matthias Muth (GER, MTV Ashausen) 2:54:36
253. Thomas Falkuß (GER) 2:54:46
254. Ludger Bräutigam (GER) 2:54:46
255. Frank Bareuther (GER) 2:54:48
256. Frank Paulsen-Margenberg (GER) 2:54:51
257. Michael Görgner (GER) 2:54:58
258. Klaus-Uwe Lucht (GER) 2:55:16
259. Andreas Platzer (GER) 2:55:22
260. Kai Platte (GER, tripleX) 2:55:27
261. Thomas Saltenbrock (GER) 2:55:38
262. Thomas Wendt (GER, WRAG Tria-Team) 2:55:43
263. Christoph Franke (GER, Rad up) 2:55:43
264. Matthias Wüstefeld (GER) 2:56:12
265. Thomas Zöller (GER, HTV-Team) 2:56:17
266. Frank Nemeth (GER) 2:56:34
267. Andreas Teuber (GER) 2:56:37
268. Thomas Märkl (GER, Polizei SV Ingolstadt) 2:56:42
269. Markus Reichert (GER, SG Wasserratten) 2:56:49
270. Lutz Salefsky (GER, Elixia Triathlon Team) 2:56:50
271. Heiko Behrenwolt (GER) 2:56:56
272. Andreas Frenkler (GER, duesseldussel) 2:57:16
273. Thomas Kinzel (GER) 2:57:38
274. Olaf Czwalinna (GER) 2:57:49
275. Stephan Dehlwes (GER, Speichenlecker) 2:57:52
276. Hauke Wichers (GER) 2:57:54
277. Dirk Petersen (GER) 2:58:13
278. Peter Bockel-Blötz (GER, Creditreform Göttingen) 2:58:15
279. Frank Wiese (GER) 2:58:17
280. Leif Bachorz (GER, Alice-Triple Fun) 2:58:26
281. Uwe Stender (GER) 2:58:27
282. Jens Sauerhering (GER) 2:58:41
283. Sören Kohlmeyer (GER, HAMBURG WASSER) 2:59:09
284. Kay-Uwe Mundt (GER, Cool Running) 2:59:09
285. Oliver Reißer (GER, Wetterauer) 2:59:15
285. Kai Witt (GER) 2:59:15
287. Jörg Becker (GER, NXP Semiconductors) 2:59:19
288. Oliver Schaumann (GER, Team Tiketitan) 2:59:27
289. Frank Lauter (GER) 2:59:29
290. Robert Goebel (GER) 2:59:29
291. Thomas Fuhrmann (GER) 2:59:29
292. Matthias Bähr (GER) 2:59:29
293. Achim Grzonka (GER) 3:00:43
294. Uli Diepenbruck (GER, TriCologne) 3:00:57
295. Volker Rose (GER) 3:01:04
296. Andreas Quistorf (GER) 3:01:15
297. Jan Kleinschmidt (GER) 3:01:16
298. Andre Gohlke (GER) 3:01:24
299. Ralf Kuberg (GER) 3:01:31
300. Manfred Fitz (GER, Speichenlecker) 3:01:38
301. Frank Bremser (GER) 3:02:09
302. Sven Dudzik (GER, tesa) 3:02:17
303. Kay Mursch (GER) 3:02:20
304. Öghan Karakas (TUR, BeOne) 3:02:21
305. Thorsten Slojewski (GER, Tri Turtles Hamm) 3:02:21
306. Carsten Hahn (GER, tesa) 3:02:23
307. Jens Klagmeyer (GER) 3:02:30
308. Andreas Vogel (GER) 3:02:36
309. Daniel Durand (GER) 3:02:50
310. Olaf Gerdes (GER, Otto Wulff Bauunternehmen) 3:02:54
311. Manfred Fischer (GER) 3:03:00
312. Michael Siol (GER) 3:03:08
313. Jörn Wehle (GER) 3:03:33
314. Christian Schmidt-Maag (GER) 3:04:01
315. Nils Schmidt (GER, OSC Bremerhaven) 3:04:08
316. Klaus Benthin (GER) 3:04:14
317. Jürgen Pahlke (GER, Flinke Forellen) 3:04:38
318. Axel Grünrock (GER) 3:04:51
319. Jörg Hinz (GER) 3:04:54
320. Udo Sonnenschein (GER) 3:05:22
321. Thorsten Dieckwisch (GER, KARASPEED) 3:05:25
322. Heiko Rahlfs (GER, giropay) 3:05:26
323. Frank Biedermann (GER) 3:05:27
324. Stefan Winkel (GER, Alice-Triple Fun) 3:05:28
325. Andreas Schütt (GER) 3:05:39
326. Christoph Lüders (GER) 3:05:59
327. Thomas Schuster (GER) 3:06:17
328. Jörg Peemöller (GER, Schlutuper Fischköppe) 3:06:33
329. Christian Koppitz (GER, Schlutuper Fischköppe) 3:06:33
330. Holger Herbig (GER) 3:06:52
331. Nils Hafa (GER) 3:06:54
332. Ingo Lau (GER) 3:07:04
333. Joerg Raiser (GER, SG Wasserratten Norderstedt) 3:07:11
334. Ralph Baumann (GER) 3:07:15
335. Patrick Riedel (GER, Hamburg Wasser 3) 3:07:16
336. Klaus Fittkau (GER) 3:07:22
337. Stephan Gahlow (GER) 3:07:25
338. Ingo Witte (GER) 3:07:47
339. Karl Robert Baake (GER) 3:07:59
340. Christian Becker (GER, Affinion) 3:08:04
341. Claus Lemcke (GER) 3:09:03
342. Peter Martin (GER) 3:09:24
343. Mario Werschun (GER) 3:09:24
344. Olaf Albrecht (GER, Elixia Triathlon Team) 3:09:38
345. Klaus Thiele (GER) 3:10:28
346. Arne Martin (GER) 3:10:32
347. Jan Henric Buettner (GER, Erdinger Alkoholfrei) 3:10:35
348. Jörg Meinecke (GER) 3:10:45
349. Eric Mollenhauer (GER, E.ON Hanse 3) 3:11:00
350. Zsolt Vuleta (HUN, Athletico Bacardi Team Bronze) 3:11:04
351. Stefan Franke (GER, SAP Hamburg) 3:11:36
352. Olaf Thies (GER, tesa) 3:11:37
353. Ulrich Kosciessa (GER, medac 1) 3:11:40
354. Matthias Lorentz (GER) 3:12:03
355. Werner Hinsch (GER) 3:12:25
356. Bernd Foth (GER, MTV Ashausen) 3:13:18
357. Kai Hullmann (GER) 3:13:40
358. Mathias Kossyk (GER) 3:13:54
359. Lutz Heymann (GER) 3:14:14
360. Jan-Peer Brenneke (GER, Troche) 3:14:31
361. Dirk Hagener (GER, SOS Colonia) 3:14:43
362. Björn Schäfer (GER, Hochbahn Wache) 3:14:49
363. Gregor Dzieyk (GER) 3:14:57
364. Jan Gentzcke (GER, Alice-Triple Play) 3:14:58
365. Peer Schilensky (GER) 3:15:17
366. Rolf Eichhorst (GER) 3:16:17

367. Hargo Maluch (GER)	3:16:21
368. Frank Kollwitz (GER)	3:16:45
369. Ingo Khedim (GER)	3:16:53
370. Martin Morschek (GER, Sharp)	3:17:07
371. Kay Condé (GER)	3:17:36
372. Kai Tanneberg (GER, Bella Italia)	3:18:13
373. Jörg Artzenroth (GER)	3:18:16
374. Holger Blanquett (GER)	3:18:25
375. Martin Burgardt (GER)	3:18:37
376. Ronald Altenburger (GER)	3:18:49
377. Oliver Kück (GER)	3:19:24
378. Stefan Schirrmacher (GER)	3:20:08
379. Torsten Oertel (GER)	3:21:08
380. Ralf Kalms (GER)	3:21:18
381. Roger Bien (GER)	3:21:55
382. Ekkehard Kullmann (GER)	3:23:57
383. Detlef Püttner (GER, P+P Shop Hamburg)	3:26:43
384. Norbert Adam (GER)	3:27:23
385. Thomas Rieck (GER)	3:28:16
386. Stefan Wilken (GER)	3:29:35
387. Marcus Drechsel (GER)	3:30:02
388. Uwe Arff (GER)	3:30:34
389. Holger Hempel (GER)	3:31:35
390. Christian Loss (GER)	3:31:48
391. Gunnar Clavey (GER, Elixia Triathlon Team)	3:33:20
392. Thomas Grimm (GER)	3:33:38
393. Robert Hirst (GBR, medac 1)	3:34:49
394. Jens Totschnig (GER, Over and Out)	3:37:59
395. Udo Franke (GER, Philips Medical Systems 2)	3:38:24
396. Christian Brockhausen (GER)	3:40:33
397. Werner Neumeier (GER, Neuis)	3:43:17
398. Udo Wunderlich (GER)	3:48:00
399. Detlef Arlt (GER, Marquard & Bahls AG)	3:48:29
400. Stephan Boie (GER)	3:54:41

Senioren 2 M (45-49)

1. Marco Hunte (GER, TuS Griesheim)	2:19:39
2. Gordon Nowak (GER, ASICS-Team 1)	2:19:52
3. Thomas Dybek (GER)	2:20:07
4. Burkhard Graw (GER)	2:20:55
5. Jürgen Brinkmann (GER)	2:23:02
6. Björn-Olde Backhaus (GER)	2:23:43
7. Bernd Wüster (GER)	2:25:27
8. Rolf Schweiger (GER, TV Gronau Triathlon)	2:25:40
9. Axel Frick (GER)	2:26:08
10. Michael Kreitz (GER, Hannover 96)	2:26:17
11. Bernd Fischer (GER)	2:26:53
12. Peter Merl (GER)	2:27:15
13. Ernst Wildhagen (GER)	2:27:41
14. Jürgen Brammer (GER)	2:27:47
15. Jan Seidel (GER)	2:27:49
16. Christian Powierski (GER)	2:27:55
17. Martin Vickus (GER, Brander SV TRI TEAM)	2:28:14
18. Jürgen Weiß (GER)	2:28:44
19. Oliver Schuler (GER)	2:28:58
20. Wolf-Peter Sandmann (GER)	2:29:02
21. Frank Zöllner (GER)	2:29:11
22. Jörn Oliver Dickmann (GER)	2:29:26
23. Siegbert Mäcken (GER, MTV-AURICH-TRIA)	2:29:30
24. christian Kleinke (GER)	2:29:44
25. Jörg Rösemeier (GER, Triabolos Hamburg e.V.)	2:30:12
26. Dietmar Kuhla (GER)	2:30:15
27. Kersten Koschoreck (GER)	2:31:06
28. Helmut Hetzelt (GER, RVC Altenkunstadt)	2:31:07
29. Jan Lührs (GER)	2:31:33
30. Christian Heins (GER, Hamburg Wasser 3)	2:31:37
31. Frank Egbert (GER)	2:31:44
32. Peter Jung (GER, TuS Griesheim)	2:32:14
33. Clemens Monir (GER)	2:32:37
34. Hans Spaans (NED)	2:32:38
35. Bernd Habermann (GER, Holtorfer SV - Triathlon)	2:32:50
36. Jens Radloff (GER, SC WEYHE)	2:33:38
37. Edgar Teuber (GER, TV Gronau Triathlon)	2:33:42
38. Karl-Heinz Endres (GER)	2:33:49
39. Günter Geimer (GER, Team-Moebel-Huesch)	2:33:51
40. Uwe Korella (GER)	2:33:57
41. Thomas Meyer (GER, Team Vitalien)	2:34:33
42. Rainer Dallmann (GER)	2:34:36
43. Rainer Lingelbach (GER, Elixia Triathlon Team)	2:34:55
44. Carsten Voss (GER, Fhloston Paradise)	2:35:06
45. Sigurd Fabig (GER)	2:35:11
46. Peter Lamottke (GER)	2:35:11
47. Detlev Witt (GER)	2:35:13
48. Thomas Schmidt (GER, Kaifu Tri Team)	2:35:15
49. Jan Mikael Schaadt (DEN)	2:35:18
50. Matthias Imhoff (GER, MTV-AURICH-TRIA)	2:35:25
51. Otmar Schacherbauer (GER)	2:35:45
52. Reiner Ahrens (GER, Otto Wulff Bauunternehmen)	2:35:51
53. Jens Hintze (GER)	2:36:08
54. Peter Zahradsky (GER, TV Hatzenbühl Triathlon)	2:36:13
55. Michael Schneider (GER, Infanterieschule)	2:36:21
56. Martin Frederking (GER)	2:36:24
57. Rüdiger Lippert (GER, Heidecracker)	2:36:50
58. Stefan Moosleitner (GER, Triabolos Hamburg e.V.)	2:37:20
59. Michael Koebrich (GER)	2:37:27
60. Steffen Waldmann (GER, Team Maik Petzold)	2:38:04
61. Peer Christoph Nekarda (GER)	2:38:39
62. Wolf-Dieter Reichenbach (GER, StG Sunshine Tri-Team Ham)	2:39:06
63. Detlef Schneider (GER)	2:39:26
64. Gereon Schälte (GER)	2:39:32
65. Götz Möhl (GER)	2:39:48
66. Andreas Benkowitz (GER)	2:39:58
67. Frank Gaida (GER)	2:40:02
68. Axel Bieber (GER)	2:40:12
69. Stefan Warnat (GER)	2:40:19
70. Michael Nimptsch (GER)	2:40:23
71. Uwe Paulsen (GER, SG Wasserratten)	2:40:30
72. Knut Welzel (GER)	2:40:37
73. Andreas Pfaffe (GER, Tri Michels Hamburg)	2:40:40
74. Siegfried Ziehe (GER, Rad up)	2:41:21
75. Ulrich Vollhardt (GER, Elixia Triathlon Team)	2:41:28
76. Peter Uhl (GER, E.ON Hanse 3)	2:41:51
77. Ralf ter Beek (GER, TV Gronau Triathlon)	2:42:13
78. Horst Gäde (GER)	2:42:13
79. Jim Lewis (USA)	2:42:16
80. Rolf Heise (GER)	2:43:17
81. Reiner Schipmann (GER)	2:43:42
82. Carsten Schwenn (GER)	2:43:45
83. Jan Schmidt (DEN)	2:43:55
84. Thomas Paragnik (GER)	2:43:58
85. Stefan Ring (GER)	2:44:03
86. Holger Funk (GER, E.ON Hanse 3)	2:44:16
87. Michael Propers (GER, Brander SV TRI TEAM)	2:44:21
88. Birger Engel (NED, käthe)	2:44:26
89. Peter Müller (GER)	2:44:28
90. Hans-Joachim Lorenz (GER)	2:44:31
91. Stephan Gruner (GER)	2:45:08
92. Axel D Agostino (GER, Elixia Triathlon Team)	2:45:17
93. Stefan Jaks (GER)	2:45:56
94. Thomas Schüssler (GER)	2:46:00
95. Helmut Anschütz (GER)	2:46:03
96. Markus Tollhopf (GER)	2:46:10
97. Laszlo Jankura (HUN, Athletico Bacardi Team Silber)	2:46:11
98. Fabian Thaesler (GER)	2:46:26
99. Stephan Kaltenstein (GER)	2:46:52
100. Roger Seeck (GER)	2:47:01
101. Dieter Wenzel (GER)	2:47:18
102. Kersten Heinz (GER)	2:47:23
103. Heiko Janssen (GER, MTV-AURICH-TRIA)	2:47:24
104. Alexander Companie (GER)	2:47:33
105. Ralph Weidling (GER)	2:47:56
106. Lutz Hörstermann (GER)	2:47:58
107. Volker Deppe (GER)	2:48:02
108. Martin Hannappel (GER)	2:48:04
109. Ulf Henning (GER)	2:48:05
110. Ralf Sturm (GER)	2:48:47
111. Andreas Trautmann (GER, Brander SV TRI TEAM)	2:48:56
112. Dirk Wiegels (GER)	2:49:14
113. Hartmut Tunder (GER)	2:49:35
114. Werner Klingemann (GER, Triabolos Hamburg e.V.)	2:49:40
115. Manfred Witte (GER)	2:49:43
116. Frank Fischbach (GER, Tridream)	2:49:54
117. Werner Kopel (GER)	2:50:02
118. Jörg Bornholdt (GER)	2:51:02
119. Christian Magunna (GER, Speed-Team Elbe)	2:51:06
120. Frank Saure (GER)	2:51:22
121. Wolfgang Harbeck (GER)	2:51:34
122. Joachim Skroblin (GER)	2:51:42
123. Rainer van Ellen (GER, Team Pirate)	2:51:47
124. Jörg Schmidt (GER, Hamburg Wasser 3)	2:51:49
125. Rolf Michael Lohmann (GER)	2:51:51
126. Thomas Bohlen (GER)	2:52:00
127. Frank Reimann (GER)	2:52:15
128. Thomas Rother (GER)	2:52:39
129. Ralph Tiemann (GER)	2:53:00
130. Achim Hewer (GER)	2:53:15
131. Volker Wutzke (GER, BSG Volksfürsorge)	2:53:36
132. Mario Hill (GER)	2:53:38
133. Michael Kosmalla (GER)	2:54:14
134. Alan David Ruscoe (GBR)	2:54:18
135. Friedrich Glombik (GER)	2:54:40
136. Philipp Hatje (GER)	2:55:20
137. Ulf Zagermann (GER)	2:55:33
138. Rainer Goldmann (GER)	2:55:47
139. Detlef Wenzel (GER)	2:55:52
140. uwe gröger (GER)	2:56:01
141. Ulf Steinbock (GER)	2:56:04
142. Peter Knuth (GER)	2:56:05
143. Frank Schaper (GER)	2:56:14
144. Martin Müller (GER, Blau Weiss 96)	2:56:19
145. Frank Zielke (GER, TVN Niedersachsen)	2:56:33
146. Gert Hanisch (GER)	2:56:43
147. Peter Jerol (GER, Elixia Triathlon Team)	2:56:44
148. Volker Striecker (GER, Schnecke)	2:56:51
149. Jürgen Nixdorf (GER)	2:57:00
150. Thomas Droemer (GER)	2:57:08
151. Stefan Alexy (GER, Relaxy)	2:57:09
152. Frank-Michael Gricksch (GER)	2:57:13
153. Bruno Schildhauer (GER, E.ON Hanse 3)	2:57:14
154. Frank Plöttner (GER)	2:57:42
155. Thorsten Graefe (GER)	2:57:44
156. Hermann Vos (GER)	2:57:56
157. Thorsten Holste (GER, Elixia Triathlon Team)	2:58:04
158. Jürgen Schrieber (GER)	2:58:14
159. Ralf Schaldach (GER)	2:58:39
160. Jörg Benecke (GER, albewa)	2:58:46
161. Norbert Welle (GER, FONDAY Tri Team)	2:59:07
162. René Fraatz (GER, Red Golf)	2:59:14
163. Bernhard Müller (GER)	2:59:27
164. Martin Burchard (GER, rennschnecke)	2:59:33
165. Martin Waid (GER, Tria Team Seligenstadt)	2:59:49
166. Martin Newrzella (GER)	3:00:34
167. Veit Bentlage (GER, Fantasten)	3:00:55
168. Bernd Schneider (GER)	3:01:03
169. Wolfgang Röckendorf (GER, Hamburg Wasser 3)	3:01:15
170. Ralph Westermann (GER)	3:01:16
171. Kay Vogelhubert (GER)	3:01:16
172. Frank Dohrn (GER)	3:01:24
173. Nick Mörtter (GER)	3:01:25
174. Dieter Hanke (GER, MTV Ashausen)	3:01:27
175. Uwe Lotz (GER)	3:01:49
176. Achim Schultheiss (GER)	3:01:51
177. Bernd Lipek (GER)	3:02:06
178. Olaf Wrieden (GER)	3:02:18
179. Michael Stampa (GER)	3:02:22
180. Norbert Günther (GER)	3:02:48
181. Matthias Mühlich (GER, Powerkrauler)	3:02:56
181. Jürgen Meinke (GER)	3:02:56
183. Michael Herrmann (GER)	3:03:41
184. Michael Wulf (GER)	3:03:47
185. David Balaguer Lopez (ESP, Athletico Bacardi Team)	3:03:50
186. Torsten Streich (GER, Lufthansa 3)	3:04:14
187. Guido Voss (GER)	3:04:22
188. Holger Peters (GER, Philips Medical Systems 1)	3:04:28
189. Andreas Schoo (GER)	3:04:47
190. Stephan Schweer (GER)	3:04:55
191. Stephan Bieling (GER)	3:05:44
192. Jens Zinke (GER, Zittauer Roadrunner)	3:05:53
193. Frank Haupenthal (GER)	3:06:17
194. Kai Oltmann (GER, Elixia Triathlon Team)	3:06:24
195. André Milz (GER, Team Kruess)	3:06:44
196. Peter Kerl (GER, Elixia Triathlon Team)	3:07:02
197. Sören Rietdorf (GER)	3:07:54
198. Frank Schleifert (GER)	3:08:39
199. Andreas Lenz (GER)	3:08:42
200. Hans-Christoph Stadel (GER)	3:09:12
201. Wolfgang Klein (GER)	3:09:21
202. Volker Pinkernell (GER)	3:10:35
203. Hans-Peter Schramm (GER)	3:11:13
204. Matthias Alexy (GER, Relaxy)	3:11:37
205. Ulli Döring (GER)	3:11:47
206. Walter Klaiß (GER)	3:12:25
207. Uwe Köhler (GER, HHLA Olymp)	3:12:41
208. Ryszard Kuta (GER, Elixia Triathlon Team)	3:12:45
209. Alexander Schechinger (GER)	3:13:11
210. Heiko Ingwersen (GER)	3:13:47
211. Ivo Krautschneider (GER, korrekt kraft)	3:13:53
212. Ingo Schreep (GER, Fantasten)	3:16:15
213. Markus Stawinoga (GER, Brander SV TRI TEAM)	3:16:24
214. Günther Klaiß (GER)	3:16:38
215. Axel Eichhorn (GER, BSG JET-Conoco)	3:17:43
216. Jürgen Wochnik (GER)	3:17:48
217. Michael Jannsen (GER)	3:18:40
218. Chris Farr (GBR, Athletico Bacardi Team Gold)	3:19:23
219. Dieter Westhoff (GER)	3:22:05
220. Joachim Baumert (GER)	3:22:12
221. Peter Spaja (GER)	3:23:57
222. Ulrich Wirrwa (GER)	3:24:10
223. Ralph Ruschmeyer (GER)	3:25:22
224. Wolfram Friedrich (GER, Jungheinrich AG)	3:25:34

225. Thomas Butzlaff (GER) 3:25:49
226. Jochen Stoewahse (GER) 3:26:27
227. Michael Ehlers (GER, Boxclub Oberhavel Velten) 3:26:28
228. Frank Martini (GER) 3:26:29
229. Kai Hüttenbrink (GER, Jetzt oder nie) 3:26:41
230. Christian Hiltawsky (GER) 3:27:11
231. Jörg Tiedemann (GER, der Kämpfer) 3:27:34
232. Thomas Michaelis (GER) 3:28:11
233. Thomas Pilling (GER) 3:29:28
234. Benny Hoeyer (DEN, Athletico Bacardi Team Silber) 3:31:34
235. Lee Weatherley (GBR) 3:31:34
236. Frank Bremer (GER) 3:32:37
237. Jürgen Steinmetz (GER) 3:32:56
238. Alexander Extra (GER) 3:37:24
239. Niels Hass (GER) 3:40:15
240. Alastair McMurray (GBR, medac 1) 3:42:29
241. Stefan Horwege (GER) 3:49:33

Senioren 3 M (50-54)
1. Joachim Roßat (GER) 2:33:30
2. Matthias Wawrzinek (GER, SC WEYHE) 2:33:38
3. Dieter Kiewitt (GER, werk3 Triathlon Hamburg) 2:35:34
4. Hans-Uwe Radusch (GER) 2:36:19
5. Ralf Sievers (GER) 2:37:32
6. Andreas Brannasch (GER, Nippon) 2:40:51
7. Holger Stuhlmann (GER) 2:41:11
8. Egon Müller (GER) 2:42:05
9. Roland Jörs (GER) 2:42:36
10. Ekkehard Oehme (GER) 2:43:20
11. Lutz Bittner (GER) 2:43:23
12. Michael Hagedorn (GER, MTV Ashausen) 2:43:28
13. Wolfgang Tolksdorf (GER) 2:44:05
14. Rainer Augstein (GER, Triabolos Hamburg e.V.) 2:44:34
15. Jan-Hendrik Heudtlass (GER) 2:44:47
16. Rüdiger Rohde (GER) 2:44:50
17. Volkmar Kinkel (GER) 2:45:29
18. Heinrich Timm (GER, Kaifu Tri Team) 2:45:34
19. Andreas Krause (GER, TLV Rangsdorf) 2:45:47
20. Klaus Peter Deichelmann (GER) 2:46:05
21. Rüdiger Gerbitz (GER, Silberpfeil) 2:46:14
22. Rüdiger Weskamm (GER) 2:48:01
23. Erhard Eiserbeck (GER) 2:48:24
24. Peter Vogler (GER) 2:48:30
25. Malte Simmendinger (GER) 2:48:39
26. Martin Epkenhans (GER) 2:48:49
27. Joachim Lembcke (GER) 2:49:27
28. Hartmut Kurzewitz (GER, Wasserratte) 2:49:50
29. Urs Pargätzi (SUI) 2:50:13
30. Hubert Kamrad (GER) 2:50:43
31. Stefan Fellbrich (GER) 2:50:51
32. Karl-Heinz Schmidt-Heise (GER, Hakuna Matata Team) 2:51:03
33. Jörg Straube (GER, Hydro-Team) 2:51:07
34. Bruno Voigt (GER) 2:51:45
35. Uwe Hauschild (GER) 2:51:57
36. Ingo Fuhlendorf (GER, Flinke Forellen) 2:52:03
37. Stephan Rieken (GER, Anja) 2:52:08
38. Günter Scharf (GER) 2:52:28
39. Heinz Marko (GER) 2:52:31
40. Cronenbroeck Peter (GER) 2:52:37
41. Klaus Eichel (GER) 2:53:28
42. Tobias Jäger (GER) 2:53:35
43. Hans-Albrecht von Waldenfels (GER) 2:53:53
44. Friedbert Zimmer (GER, Tridream) 2:54:10
45. Matthias Prinz (GER) 2:54:13
46. Axel Marahrens (GER) 2:54:30
47. Klaus Kolbow (GER, E.ON Hanse 3) 2:55:10
48. Axel Richter (GER) 2:56:46
49. Harry Hoske (GER, Blaubär) 2:57:10
50. Burkhard Brust (GER, Rad up) 2:57:15
51. Uwe Ochsler (GER) 2:57:16
52. Jens Alpers (GER, albewa) 2:57:20
53. Hans Petersen (GER) 2:58:43
54. Rolf Gerhard (GER) 2:59:17
55. Peter Damjancevic (GER) 3:00:19
56. Thomas Härtel (GER) 3:00:38
57. Ulrich Beyer (GER) 3:01:10
58. Hans-Christian Albrecht (GER) 3:01:15
59. Ralf Plumpe (GER, SC Altenrheine 1) 3:01:15
60. Detlef Rüdel (GER) 3:01:59
61. Mike Wagner (GER) 3:02:28
62. Peter Matthias (GER) 3:02:29
63. Peter Faust (GER, TV Hatzenbühl Triathlon) 3:03:23
64. Christian Hamann (GER) 3:04:04
65. Wofgang Mücke (GER) 3:04:35
66. Thies-Uwe Kollenkarn (GER, Hamburg Wasser 3) 3:05:24
67. Jürgen Eger (GER) 3:06:50
68. Hans-Peter Meinhold (GER) 3:09:54
69. Norbert Walther (GER) 3:09:58
70. Michael Lehner (GER) 3:12:03
71. Andreas Loos (GER, HAMBURG WASSER) 3:12:06
72. Kai Flint (GER) 3:12:09
73. Frank Stoltefaut (GER) 3:14:38
74. Heinz-Jürgen Thiessen (GER) 3:15:08
75. Achim Boll (GER, Anja) 3:15:23
76. Michael Küchler (GER) 3:18:51
77. Peter Hardie (GER) 3:19:43
78. Meinrad Rapp (GER) 3:20:45
79. Werner Becker (GER) 3:23:25
80. Peter Herrmann (GER) 3:23:39
81. Andreas Wietholz (GER) 3:23:58
82. Wolfgang Kranz (GER, Vierachtzig) 3:24:48
83. Gerhard Mohr (GER, TV Hatzenbühl Triathlon) 3:27:28
84. Harald Bader (GER, Elixia Triathlon Team) 3:29:07
85. Gunnar Sommer (GER) 3:36:49
86. Joachim Pommerening (GER) 3:38:26
87. Harald Deest (GER, DeGeWe) 3:52:31
88. Thomas Gerckens (GER, DeGeWe) 4:21:36

Senioren 4 M (55-59)
1. Bernd Marx (GER) 2:38:13
2. Franz Dawo (GER, TV Hatzenbühl Triathlon) 2:43:39
3. Hans Endl (GER, SC WEYHE) 2:45:46
4. Graham Sharp (GBR) 2:46:40
5. Werner Montag (GER, SC Altenrheine 1) 2:46:45
6. Jens Fischer (GER) 2:47:22
7. Manfred Witzmann (GER, leickspeed) 2:49:23
8. Michael Bruhns (GER) 2:50:31
9. Dirk Wegener (GER, BSG Holsten) 2:52:20
10. Wolfgang Best (GER, Heidecracker) 2:57:55
11. Reinhard Schmidt (GER, MTV Ashausen) 2:58:36
12. Conrad Felixmüller (GER) 2:58:52
13. Volker Kuntze (GER) 2:59:24
14. Uwe Schinz (GER) 3:05:17
15. Hubert Diedenhofen (GER) 3:07:47
16. Klaus Rüschel (GER) 3:08:25
17. Werner Petschenig (AUT) 3:11:54
18. Gerhard Cornelius (GER, Elixia Triathlon Team) 3:12:14
19. Jobst Pastor (GER, PV-Triathlon Witten) 3:12:39
20. Klaus Meyer (GER) 3:12:52
21. Claus Backmeyer (GER) 3:14:19
22. Hans-Peter Boye (GER) 3:17:08
23. Bernd Sperling (GER) 3:21:04
24. Klaus Brandt (GER) 3:21:18
25. Reiner Denker (GER) 3:22:36
26. Manfred Flerus (GER) 3:23:39
27. Helmut Stubbe da Luz (GER, MaraRadSch´is) 3:24:41
28. Helmut Kaphengst (GER) 3:28:17
29. Kurt Krauß (GER) 3:43:27
30. Günter Neubert (GER, die schnellsten käfer) 3:48:19
31. Eduard Philipp Rille (AUT) 3:48:49

Senioren 5 M (60-64)
1. Christoph von Woedtke (GER, BSG Holsten) 2:48:21
2. Paul Hantke (GER, TV Gronau) 2:59:51
3. Peter Hoffmann (GER) 3:02:24
4. Peter Eyler (GER) 3:07:35
5. Rolf Bumann (GER) 3:08:41
6. Jürgen Koch (GER) 3:15:31
7. Rainer Stracke (GER) 3:28:08
8. Hartmut Franke (GER) 3:34:15
9. Joachim Karl (GER) 3:36:25
10. Hartmut Boegel (GER, E.ON Hanse 3) 4:00:30

Senioren 6 M (65-69)
1. Peter Gröber (GER) 3:47:33

Senioren 7 M (70-74)
1. Dieter Hoffmann (GER) 3:30:26

Hamburg City Man 2007
Sprintdistanz

Jugend A W
1. Sabrina Mohr (GER, Radsportzentrum Hamburg) 1:16:31
2. Julia Lindner (GER) 1:20:17
3. Melina Lauk (GER, ELIXIA Triathlon Team) 1:31:30
4. Céline Großer (GER) 1:32:27
5. Sabrina Schulze (GER, CHOREN) 1:40:51

Junioren W
1. Lenya Meißner (GER) 1:31:43
2. Bentje Luttermann (GER) 1:32:30
3. Mareike Stein (GER) 1:35:12
4. Daniela Galitz (GER) 1:36:08
5. Verena Langhein (GER) 1:39:45
6. Julia Madeleine Remy (GER) 1:41:50
7. Elisabeth Furtwängler (GER, Beckenbauer) 1:43:35

AK1 W (20-24)
1. Stefanie Mohr (GER, Radsportzentrum Hamburg) 1:19:28
2. Julia Krumreich (GER) 1:26:15
3. Sabrina Gieron (GER, Wünsche Firmengruppe) 1:27:14
4. Jessica Stahlschmidt (GER) 1:28:34
5. Verena Schröder (GER, Wünsche Firmengruppe) 1:28:59
6. Victoria Studtmann (GER, Omya Peralta Team 3) 1:31:19
7. Camilla Repenning (GER) 1:32:39
8. Sabrina Hanke (GER, MTV Ashausen) 1:33:19
9. Luzie Mülsch (GER) 1:33:24
10. Sandra Deutschmann (GER) 1:33:35
11. Veronika Köpfer (GER) 1:37:28
12. Tanja Bachmann (NOR) 1:38:02
13. Daniela Spincke (GER, Elbperlen) 1:39:27
14. Elena Jopp (GER) 1:41:30
15. Inga Wimmer (GER) 1:42:10
16. Isabell Weber (GER, Alpenrose) 1:44:54
17. Britta Watterodt (GER) 1:45:11
18. Annika Schmidt (GER) 1:45:55
19. Lena Meves (GER, Alice-Tri Sport) 1:46:31
20. Sabrina Pahlke (GER, Marmstorfer Jungs) 1:47:32
21. Sandy Kagerah (GER) 1:48:18
22. Karen Hensel (GER, HAMBURG WASSER) 1:48:44
23. Navina Clauberg (GER) 1:50:24
24. Karina Weise (GER) 1:57:40
25. Dana Druschke (GER) 1:57:40

AK2 W (25-29)
1. Annette März (GER) 1:23:22
2. Nicole Sengewisch (GER) 1:23:34
3. Miriam Müller (GER) 1:24:21
4. Sabine Jaschinski (GER, 1. Tri Team Gütersloh) 1:24:30
5. Merle Siebert (GER) 1:25:21
6. Tanja Pauli (GER, Vorjahressieger 1) 1:26:08
7. Stephanie Beyer (GER) 1:26:47
8. Susanne Koske (GER) 1:28:22
9. Juliane Meyer (GER) 1:28:36
10. Linda Heck (GER) 1:28:57
11. Janina Stehr (GER) 1:29:20
12. Linda Gutendorf (GER) 1:30:36
13. Antje Wetzel (GER) 1:31:23
14. Uta Wolf (GER, BSG TUEV NORD / BSV HH) 1:31:56
15. Katrin Basalla (GER, Finanzamt-Duisburg-West) 1:33:05
16. Nina Scherer (GER) 1:33:25
17. Steffi Jaeger (GER) 1:33:33
18. Manuela Bartels (GER) 1:33:42
19. Hanna Dorothee Plickert (GER) 1:33:55
20. Cornelia Schlegel (GER, BSG TUEV NORD / BSV HH) 1:34:20
21. Ariane Gnädig (GER, rka) 1:34:38
22. Sandra Kröger (GER) 1:34:56
23. Nadine Backmeyer (GER) 1:35:14
24. Kristina Johannssen (GER, Wasserskiclub Hamburg e.V) 1:35:29
25. Joanna Kowalska (GER, Ernst & Young) 1:35:29
26. Natalie Hittmeyer (GER) 1:35:54
27. Nathalie Sohn (GER) 1:36:19
28. Karina Jacobsen (GER) 1:36:41
29. Wencke Niehus (GER) 1:36:49
30. Juliane Annussek (GER) 1:37:26
31. Katharina Schmidt (GER) 1:37:59
32. Juliane Ziegler (GER, HAMBURG WASSER) 1:39:07
33. Stefanie Pohl (GER, Campari) 1:39:43
34. Marie Christin Teich (GER) 1:39:48
35. Diana Rosenkranz (GER, Otto Wulff Bauunternehmen) 1:40:03
36. Britta Ziolkowski (GER, sport möller) 1:41:56
37. Beate Mickan (GER) 1:42:56
38. Wiebke Duveneck (GER, Marquard & Bahls AG) 1:43:31
39. Stephanie Rißmann (GER) 1:44:52
40. Inga Lösing (GER) 1:45:24
41. Justina Jacobs (GER) 1:46:24
42. Maren Thiel (GER) 1:47:25
43. Kathie Beilner (GER) 1:47:49
44. Vivien Steuck (GER) 1:48:05
45. anja Henke (GER) 1:48:30
46. Jennifer Triebel (GER, Patchwork Family) 1:49:37

47. Jarvia Peters (GER) 1:52:32
48. Sandra Zapf (GER) 1:53:13
49. Sandra Klut (GER) 1:54:01
50. Maren Fischer (GER, E.ON Hanse 1) 1:54:56
51. Silke Müller (GER) 1:55:12
52. Natalie Stark (GER) 1:55:33
53. Jessica Winterfeld (GER, Dreamer) 1:55:56
54. Aileen Tandel (GER) 2:04:00

AK3 W (30-34)

1. Ulrike Scholl (GER) 1:17:55
2. Antje Sauer (GER) 1:20:08
3. Heike Heinrich (GER) 1:21:36
4. Bettina Stüllein (GER) 1:22:37
5. Anja Kleeberg (GER) 1:23:16
6. Ingke Braren (GER) 1:23:35
7. Claudia Zubert (GER) 1:24:53
8. Nadine Nobbe (GER) 1:26:01
9. Katrin Sauer (GER) 1:27:59
10. Katja Kowalkowski (GER) 1:28:41
11. Daniela Golz (GER) 1:28:50
12. Carola Dehmel (GER) 1:29:02
13. Julia Rieck (GER) 1:29:23
14. Anja Johannßen (GER, ELIXIA Triathlon Team) 1:29:44
15. Birgit Bahnsen (GER, Fenthols) 1:30:16
16. Iris Carstensen (GER, HAMBURG WASSER) 1:30:29
17. Tamara Napravnik (GER) 1:30:31
18. Uta Feuerle (GER) 1:30:58
19. Frauke Reinhardt (GER) 1:31:05
20. Claudia Sterling (GER, EP: Sterling) 1:31:05
21. Anja Uzoma (GER, SchOn So spät ?) 1:31:26
22. Alexandra von Meer (GER) 1:31:56
23. Tina Carolin Puvogel (GER, Germania Steinburg) 1:32:14
23. Alexandra Sack (GER, Elbperlen) 1:32:14
25. Catrin Knuth (GER) 1:32:42
26. Corinna Behrendt (GER) 1:33:37
27. Inga Böhlke (GER) 1:34:13
28. Tanja Kindler (GER, ELIXIA Triathlon Team) 1:34:30
29. Ellen Dinges (GER) 1:34:42
30. Antje Schönknecht (GER, HAMBURG WASSER) 1:34:47
31. Gudrun Wiltsch (GER) 1:35:13
32. Gabriela Prielop (GER) 1:35:20
33. Yvonne Hirschl (GER, Campari) 1:35:29
34. Magdalene Goldbaum (GER) 1:35:49
35. Wencke Schäfer (GER, HAMBURG WASSER) 1:36:12
36. Anke Tinnefeld (GER) 1:36:39
37. Sandra Kock (GER) 1:36:57
38. Christine Jarke (GER) 1:38:24
39. Tina Fehling (GER, ELIXIA Triathlon Team) 1:38:31
40. Sandra Mühlbach (GER) 1:38:53
41. Stefanie Abt (GER) 1:39:05
42. Stefanie Kesselring (GER, VAF-Stürmer) 1:39:30
43. Susanne Moede (GER) 1:39:36
44. Claudia Schnoor (GER) 1:39:47
45. Beate Bannow (GER) 1:40:15
46. Anne Wieland (GER, Oldforgold) 1:40:20
47. Saskia Herbst (GER, HAMBURG WASSER) 1:40:25
48. Eveliina Haavisto (FIN, Omya Peralta Team 4) 1:40:31
49. Katica Jarchow (GER, Speedy PD) 1:40:39
50. Sandra Eckhoff (GER, Marquard & Bahls AG) 1:40:39
51. Meike Wachtel (GER, Gewinnerin) 1:40:48
52. Petra Heider (GER, Otto Wulff Bauunternehmen) 1:41:13
53. Kristina Hoffmann (GER) 1:41:55
54. Ulrike Dörste (GER, ELIXIA Triathlon Team) 1:41:57
55. Anna Wolfring (GER) 1:42:11
56. Dorothee B. Salchow (GER, Rechtskonzept) 1:42:14
57. Sabine Rutkowski (GER, antauris AG 1) 1:42:35
58. Natasa Seefeldt (GER, antauris AG 1) 1:44:29
59. Melanie Ziegler (GER, ELIXIA Triathlon Team) 1:45:00
60. Alexa Vauth (GER, Tonic Sisters) 1:45:33
61. Kathrin Langer (GER) 1:45:50
62. Saskia Borregaard (GER) 1:45:56
63. Dorothee Hartig (GER, tringegneri) 1:46:04
64. Ulrike Heins-Laas (GER, Wasserskiclub Hamburg e.V) 1:46:25
65. Heike Beinling (GER, ETHICON) 1:46:26
66. Juliane Adam (GER) 1:46:35
67. Silke Witt (GER, Otto Wulff Bauunternehmen) 1:46:48
68. Gunda Brodersen (GER, Patchwork Family) 1:46:56
69. Alexandra Kell (GER) 1:47:44
70. Mirja Fenske (GER, Wasserskiclub Hamburg e.V) 1:48:49
71. Nina Stoffers (GER) 1:49:45
72. Sevda Seipelt (TUR) 1:49:53
73. Meike Bärsch (GER, Bärschis) 1:50:38
74. Carola Manuela Josenhans (GER) 1:51:21
75. Katharina Dräger (GER) 1:52:12
76. Bianka Singelmann (GER, HAMBURG WASSER) 1:53:29
77. Kathrin Tjarks (GER, Thüringer Dream-Team KMS) 1:54:52
78. Janine Rohde (GER) 1:55:06
79. Eva Langenbeger (GER) 1:56:00
80. Anke Gebbert (GER) 1:56:22
81. Eva Marquardt (GER, antauris AG 2) 2:01:48
82. Ruth-Maria Manthei (GER) 2:03:21
83. Nicole Heider (GER) 2:05:49
84. Neele Harries (GER) 2:11:55

AK4 W (35-39)

1. Daniela Keil (GER) 1:19:27
2. Judith Wendler (GER) 1:22:11
3. Astrid Hohenhaus (GER) 1:22:59
4. Eva-Maria Böde (GER) 1:23:06
5. Andrea Vollstedt (GER, BSG Holsten) 1:24:06
6. Sandra Schikowski (GER, Team: Sweatballs 6) 1:25:47
7. Doreen Kenzler (GER) 1:25:59
8. Tanja Dissmer (GER) 1:26:16
9. Karina Loll (GER) 1:27:01
10. Annette Senf (GER, Muh Muh Mutschekuh) 1:27:48
11. Britta Warnecke (GER) 1:28:40
12. Ute Schmidt (GER) 1:29:08
13. Charlotte Stehn (GER) 1:29:18
14. Juliane Sanders (GER) 1:29:21
15. Christina Möllmann (GER, fenderteam) 1:30:25
16. Judith Fischer (GER) 1:30:35
17. Cathleen Korn (GER) 1:30:36
18. Isabella von Homeyer (GER, Team: Sweatballs 5) 1:31:11
19. Silke Berecke (GER) 1:31:12
20. Stephanie Willemsen (GER, HamburgRacingTeam) 1:31:41
21. Regine Pruns (GER) 1:31:42
22. Svenja Junge (GER) 1:31:51
23. Cornelia Haehnel (GER, tesa) 1:31:54
24. Sabine Wagner (GER) 1:32:31
25. Annette Hinz (GER) 1:33:18
26. Katarina Pantermühl (POL, Vattenfall) 1:33:24
27. Leslie-Karen Barton (GER) 1:34:28
28. Ursula Seipel (GER, SSG Marienau) 1:34:39
29. Nicole Ehmert (GER) 1:34:42
30. Silvia Lindenberg (GER, early.birds) 1:34:51
31. Claudia Tiedt (GER, uteundclaudia) 1:35:07
32. Susanne Hanemann (GER) 1:35:24
33. Jana Stemmer (GER) 1:35:25
34. Simone Lüthje (GER, HAMBURG WASSER) 1:35:39
35. Janin Rickert (GER) 1:36:01
36. Judith Wahrenburg (GER) 1:36:01
37. Olivia Neumann (GER, ELIXIA Triathlon Team) 1:36:07
38. Kerstin Zeinhofer (GER, VAF-Mittelfeld) 1:37:02
39. Ulrike Fischer (GER) 1:37:02
40. Jana Nauroschat (GER) 1:37:57
41. Dorothee Gluderer (GER, VfL Boernsen) 1:38:26
42. Anita Suchy (GER, VAF-Mittelfeld) 1:38:37
43. Gesa Pamperin (GER) 1:39:02
44. Sandra Augustin (GER) 1:39:04
45. Silke Simon (GER, Die Aufschneider) 1:39:05
46. Barbara Lengert (GER) 1:39:27
47. Britta Dinnendahl (GER) 1:39:33
48. Simone Koop (GER) 1:39:43
49. Mareile Jantzen (GER, Jannick-Go!) 1:39:54
50. Ulrike Bülk (GER) 1:40:15
51. Claudia Heske (GER) 1:40:23
52. Marion Baumann (GER) 1:40:59
53. Tanja Bähr (GER, spasshaber) 1:41:08
54. Susanne Lau (GER) 1:41:48
55. Heike Garwels (GER) 1:42:22
56. Manuela Ben-Lahcen (GER, Germania Steinburg) 1:42:25
57. Kirsten Plötzky (GER, ELIXIA Triathlon Team) 1:42:34
58. Michaela Gehse (GER) 1:43:02
59. Regina Witz-Hamann (GER, Vattenfall) 1:43:03
60. Christine Harz (GER) 1:43:21
61. Sabine Benning (GER) 1:43:28
62. Kerstin Achilles (GER) 1:43:33
63. Petra Biebl (GER) 1:43:53
64. Jutta Feit (GER, Bitobe) 1:44:27
65. Christiane Güßmann (GER, VAF-Rückraum) 1:44:47
66. Saskia Flügge (GER) 1:44:47
67. Heike Vogel (GER) 1:44:48
68. Ellen Michael (GER, 1. Hamburger 12-Kampf 3) 1:44:54
69. Antje Broders (GER) 1:45:18
70. Nicole Peterberns (GER) 1:45:27
71. Petra Kallen (GER) 1:45:32
72. Dagmar Strobel (GER) 1:46:06
73. Kathrin Krenkler (GER) 1:46:24
74. Imke Hübner (GER) 1:46:48
75. Petra Raible (GER, Die Schnucken) 1:47:05
76. Susanne Schigart (GER) 1:47:14
77. Kerstin Teschner (GER, Technik Triathlon Team) 1:47:42
78. Jutta Bertels (GER) 1:47:51
79. Catrin Krämer (GER) 1:48:03
80. Katja Spanka (GER) 1:48:05
81. Tatjana Karkowski (GER) 1:48:27
82. Sylvia Feldmann (GER) 1:48:36
83. Natascha Grosse (GER, Tonic Sisters) 1:48:57
84. Sabine Ziemens (GER) 1:49:20
85. Stephie Dieckmann (GER, dieseepferdchen) 1:50:46
86. Katja Bruhns (GER) 1:50:59
87. Katja Fischer (GER) 1:51:27
88. Manuela Czwalinna (GER) 1:51:59
89. Natascha Kruse (GER) 1:52:34
90. Anja Münzberg (GER) 1:52:49
91. Stefanie Toussaint (GER) 1:53:47
92. Stephanie Krollmann (GER) 1:54:03
93. Gabi Wörndle (GER, Omya Peralta Team 2) 1:54:06
94. Gabriele Ußner (GER) 1:54:53
95. Susanne Kruse (GER, ELIXIA Triathlon Team) 1:55:01
95. Tanja Kreutzfeld (GER, ELIXIA Triathlon Team) 1:55:01
97. Rahimeh Krohn (GER, ELIXIA Triathlon Team) 1:55:19
98. Heike Erbert (GER, PartyPaket.de) 1:56:15
99. Gabriele Fiedler (GER) 1:56:23
100. Iris Paul (GER) 1:56:53
101. Ramona Reinecker (GER, football goes triathlon) 1:58:45
102. Silvia Kannegiesser (GER) 2:03:31
103. Ilka Bünger (GER, antauris AG 2) 2:04:28
104. Andrea Gruteser (GER) 2:07:41
105. Angela Mikosch (GER) 2:09:51
106. Gaby Ackerhans (GER) 2:18:59

Senioren 1 W (40-44)

1. Anke Brisske-Rode (GER) 1:25:18
2. Susann Hübert (GER) 1:26:32
3. Kathrin Haug (AUT) 1:26:58
4. Bettina Knoblauch (GER) 1:28:34
5. Claudia Barg (GER) 1:28:48
6. Barbara Namyslik (GER) 1:29:24
7. Birgit Pruß (GER) 1:29:25
8. Elke Wittkugel (GER, drlo) 1:30:07
9. Jacqueline Lawrentz (GER) 1:30:12
10. Sabine Hoffmann (GER) 1:31:11
11. Claudia Meyke (GER, tigga) 1:31:16
12. Kerstin Merseburger (GER, Oldforgold) 1:31:49
13. Susanne Hänlein (GER) 1:32:07
14. Sabine Tandler (GER, TS Harburg) 1:32:11
15. Anja Wenrich (GER, BSG Volksfürsorge) 1:32:51
16. Kira Böhning (GER, BSG Volksfürsorge) 1:32:51
17. Ulrike Paetzold (GER) 1:32:55
18. Christiane Filter (GER) 1:33:28
19. Mechthild Sietoo (GER) 1:33:36
20. Ruth Paetow (GER) 1:33:38
21. Sabine Heßler (GER) 1:33:40
22. Cornelia Wulf (GER) 1:33:40
23. Britta Grabow (GER, Kaifu Tri Team) 1:33:43
24. Ursula Witthöft (GER) 1:34:18
25. Dorothee Kröger (GER) 1:35:10
26. Elke Meinderink (GER) 1:35:30
27. Cornelia Rimpler (GER) 1:35:31
28. Edith Middendorf (GER) 1:35:38
29. Anja Hanke (GER, MTV Ashausen) 1:36:02
30. Gabriele Lindner (GER, ELIXIA Triathlon Team) 1:36:45
31. Sylvia Ellerbrock (GER, ELIXIA Triathlon Team) 1:36:52
32. Birgit Meindl (GER, VAF-Stürmer) 1:37:15
33. Margit Diederichs (GER) 1:37:46
34. Birgit Schlüter (GER, NXP Semiconductors) 1:38:01
35. Janet Frick (GBR, DOLMAR Team Sprint) 1:38:03
36. Susanne Kosmalla (GER, ELIXIA Triathlon Team) 1:38:13
37. Sabine Rüscher (GER, SSG Marienau) 1:38:27
38. Antje Rackwitz (GER) 1:38:58
39. Petra Frost (GER) 1:39:32
40. Charlotte Steffens (GER) 1:40:18
41. Gabi Saager (GER) 1:40:39
42. Sabine Thomsen (GER, dunas) 1:40:41
43. Christine Saalmüller (GER, dino) 1:41:07
44. Anke Preuß (GER, Team: Sweatballs 2) 1:41:21
45. Ines Wilczek (GER, Team: Sweatballs 3) 1:41:32
46. Christine Wacker (GER) 1:41:52
47. Petra Broege (GER) 1:42:26
48. Susanne Bäumer (GER, ELIXIA Triathlon Team) 1:42:34
49. Birgit Bohlen (GER) 1:42:37
50. Beatrix Nimphy (GER) 1:43:13
51. Sigrid Meinderink (GER) 1:43:22
52. Petra Klunk (GER) 1:43:29
53. Sonja Zuncke (GER) 1:43:38
54. Ursula Rusch (GER) 1:43:54

55.	Susanne Egger (GER, Lehmanns)	1:44:33
56.	Beatrix Köhler (GER, Oldforgold)	1:44:56
57.	Kerstin Heitmann (GER)	1:45:04
58.	Nadja Krause (GER)	1:45:13
59.	Sylvia Heuer (GER)	1:45:31
60.	Kirsten Brodde (GER, Greenpeace Magazin)	1:45:38
61.	Heike Zitzmann (GER)	1:45:55
62.	Ellen Honig (GER)	1:46:48
63.	Camen Schön (GER)	1:46:48
64.	Cornelia Vollmer (GER)	1:46:57
65.	Ilona Krämer (GER)	1:48:05
66.	Sylke May (GER)	1:48:08
67.	Sabine Nottelmann (GER, OLD NAVY)	1:48:12
68.	Inga Meister (GER)	1:48:14
69.	Priska Diriwächter (SUI, Omya Peralta Team 6)	1:49:28
70.	Anja Degen (GER)	1:49:30
71.	Andrea Timpe (GER, ELIXIA Triathlon Team)	1:50:18
72.	Anja Bretschneider (GER, dieseepferdchen)	1:50:46
73.	Kirsten Seehusen (GER)	1:51:54
74.	Martina Schindler (GER)	1:52:01
75.	Susan Themann (GER, dino)	1:52:05
76.	Yvonne Lund (GER)	1:52:20
77.	Ute Kirchner (GER, uteundclaudia)	1:52:27
78.	Hilla Faust (GER)	1:53:13
79.	Petra Möller (GER)	1:54:16
80.	Nicola Clausen (GER)	1:57:24
81.	Christine Burdorf (GER, PartyPaket.de)	2:02:08
82.	Susanne Menth (GER)	2:03:00
83.	Britta Ehlert (GER, OLD NAVY)	2:03:21
84.	Annett Mäder-Lesniak (GER, HAMBURG WASSER)	2:05:10
85.	Martina Bergmann (GER)	2:10:28

Senioren 2 W (45-49)

1.	Birgit van Dahle - Schmees (GER, tritop)	1:24:14
2.	Claudia Sieger (GER)	1:28:50
3.	Margit Wutzke (GER, BSG Volksfürsorge)	1:31:21
4.	Maria Jantzen (GER)	1:32:29
5.	Hannelore Bittner (GER, Speedy PD)	1:32:55
6.	Dörte Ewers (GER)	1:34:40
7.	Dörte Hilcken (GER, Philips Medical Systems 2)	1:34:48
8.	Susan Ditze (GER)	1:35:42
9.	Katharina Baumgart (GER)	1:35:57
10.	Agnes Menz (GER)	1:36:43
11.	Beate Rehder (GER)	1:37:30
12.	Sue Sheehan (USA)	1:38:26
13.	Dorthe J.- Skree Mühlich (DEN)	1:38:26
14.	Sabine Hoeven, van der (GER, HAMBURG WASSER)	1:38:59
15.	Pamela Herzog (GER)	1:39:49
16.	Karin Petersen (GER, ELIXIA Triathlon Team)	1:40:04
17.	Kirsten Bublitz (GER, Frohsinn)	1:40:05
18.	Petra Gatzke (GER)	1:40:14
19.	Susanne Wulf (GER, ELIXIA Triathlon Team)	1:40:16
20.	Doris Schmidt (GER, Nipper)	1:40:25
21.	Martina Krysiak (GER)	1:41:17
22.	Bettina Finke (GER, Hansewasser Bremen)	1:42:34
23.	Claudia Hornig (GER)	1:42:42
24.	Elke Wiesner (GER)	1:42:42
25.	Marliese Weber (GER)	1:43:09
26.	Petra Gebauer (GER)	1:44:00
27.	Renate Dorn (GER, HAMBURG WASSER)	1:44:14
28.	Rita Böhmke (GER)	1:44:46
29.	Patricia Dziubiel (GER)	1:44:49
30.	Birgit Best (GER)	1:45:08
31.	Regina Witt (GER)	1:46:32
32.	Petra Weber (GER)	1:47:31
33.	Bettina Klemeyer (GER)	1:47:51
34.	Birgit Brunkhorst (GER)	1:48:33
35.	Bettina Fischer (GER, dunas)	1:48:55
36.	Sabine Ortlieb (GER)	1:49:11
37.	Kerstin Moerke (GER, antauris AG 2)	1:50:16
38.	Bettina Frahm (GER, dieseepferdchen)	1:50:46
39.	Anette Meiré (GER)	1:50:57
40.	Sabine Schrage (GER)	1:51:25
41.	Andrea Rüdebusch (GER, Musketiere)	1:52:15
42.	Regina Henkis (GER)	1:52:35
43.	Tiina Jaatinen-Mohn (FIN, Omya Peralta Team 5)	1:53:21
44.	Regine Busacker (GER)	1:54:28
45.	Carmen Baumann (GER)	1:54:52
46.	Meike Kuschnereit (GER, tigga)	1:56:03
47.	Steffi Ruhbach (GER)	1:56:20
48.	Birgit Rehbein (GER)	1:56:35
49.	Sybille Brunner (GER, Saunagirls)	1:57:03
50.	Maren Dupont (GER)	1:58:13
51.	Angelika Heath (GER)	1:58:21
52.	Gaby Kirchberg (GER)	1:58:27
53.	Kordula Detlefs-Seng (GER)	2:02:28
54.	Ariane Nielsen (GER)	2:04:51
55.	Marion Finger (GER)	2:05:19
56.	Kirsten Fiedler (GER, Fenthols)	2:14:49

Senioren 3 W (50-54)

1.	Karin Schuster (GER)	1:32:46
2.	Annelor Meretzki (GER)	1:35:34
3.	Monika Belau (GER, harburger sc)	1:36:24
4.	Irmgard Weißkirchen (GER)	1:44:19
5.	Anne-Kathrin Wehrhahn (GER, Hansewasser Bremen)	1:45:30
6.	Karen Lichtenfeld (GER, ELIXIA Triathlon Team)	1:47:25
7.	Kerstine Micha (GER, ELIXIA Triathlon Team)	1:50:54
8.	Gudrun May-Rosorius (GER, Saunagirls)	1:55:13
9.	Monika Wulf (GER)	1:56:01
10.	Gerda Donnelly (GER, Saunagirls)	2:02:58
11.	Heidemaria Schramm (GER, Nestle AG)	2:10:06

Senioren 4 W (55-59)

1.	Mechtild Greven (GER)	1:34:13
2.	Antje Seyd (GER)	1:35:11
3.	Sybille Truhm (GER)	1:36:46
4.	Hildegard Giese (GER)	1:52:07
5.	Sophia Witte (NED, VAF-Rückraum)	1:55:30
6.	Gudrun Schuster-Thiel (GER)	1:58:01
7.	Ulrike Bärsch (GER, Bärschis)	2:14:03
8.	Hadmut Veronika Rille-Eiler (AUT)	2:19:40
9.	Ulla Weidemann (GER)	2:35:08

Senioren 5 W (60-64)

1.	Renate Mardfeldt (GER, Nestle AG)	1:55:06
2.	Anita Heyen (GER)	1:57:45

Senioren 6 W (65-69)

1.	Vera Sack (GER, ELIXIA Triathlon Team)	2:04:49
2.	Hannelore Einnolf (GER)	2:17:59

Senioren 7 W (70-74)

1.	Brunhilde März (GER)	2:10:51

Jugend A M

1.	Lucas Zyber (GER)	1:09:14
2.	Alexander Güth (GER)	1:12:11
3.	Mirco Sehring (GER, TuS Griesheim)	1:12:29
4.	Julien Dietermann (GER)	1:13:12
5.	Niklas Albrecht (GER)	1:14:19
6.	Jannik Lahn (GER, Stader SV)	1:14:59
7.	Jan Eggers (GER)	1:15:21
8.	Jan-Christian Klinge (GER, Stader SV)	1:16:11
9.	Lennard Birke (GER, BSG Holsten)	1:16:20
10.	Jan Hendrik Nothbaar (GER)	1:16:23
11.	Nils Christian Deppe (GER)	1:19:32
12.	Christian Geimer (GER, Team-Moebel-Huesch)	1:22:55
13.	Sebastian Stampa (GER)	1:23:58
14.	Dennis Korba (GER)	1:25:11
15.	Maximilian Haug (AUT)	1:26:10
16.	Jannick O Meara (GER, Jannick-Go!)	1:26:12
17.	Torsten Schramm (GER)	1:27:40
18.	Christian Döring (GER)	1:28:00
19.	Thies-Moritz Böning (GER)	1:28:04
20.	Alexander Kalies (GER)	1:28:52
21.	Lucas Kröger (GER)	1:32:24
22.	Jan Tensdahl (GER)	1:37:02

Junioren M

1.	Jörn Großekathöfer (GER)	1:10:10
2.	Hauke Claas Heller (GER)	1:13:46
3.	Patrick Feil (GER)	1:14:36
4.	Maximilian Jähnig (GER, Tus Holstein Quickborn)	1:16:12
5.	Dustin Schlag (GER)	1:17:47
6.	Philipp Krause (GER)	1:19:26
7.	Stefan Templin (GER)	1:21:02
8.	Tim Sterzing (GER)	1:21:44
9.	Philipp Redder (GER, BSG Holsten)	1:22:41
10.	Jobst Wiemer (GER)	1:22:55
11.	Yano Pöhlmann (GER)	1:28:28
12.	Justus Bode (GER)	1:30:07
13.	Adam Naber (GER)	1:31:43
14.	John Simon Paap (GER)	1:32:36
15.	Benjamin Beckenbauer (GER, Beckenbauer)	1:35:03
16.	Frederik Lewitzki (GER, LG HNF Hamburg)	1:43:24

AK1 M (20-24)

1.	Lucas Fandrey (GER, Elbperlen)	1:15:05
2.	Knut Voigt (GER, freenet)	1:17:46
3.	Thomas Buchholz (GER)	1:18:56
4.	Dennis Schüthe (GER)	1:19:35
5.	Christopher Fehling (GER)	1:22:22
6.	Christoph Meier (GER)	1:22:42
7.	Alexander Epp (GER)	1:23:47
8.	Aaron Geis (GER)	1:23:59
9.	Carlo Sohn (GER)	1:24:00
10.	Kolin Schunck (GER)	1:25:38
11.	Eugen Krämer (GER, antauris AG 1)	1:26:37
12.	Nikolai Pärsch (GER)	1:26:58
13.	Benjamin Meißner (GER)	1:27:13
14.	Thomas Korn (GER, Wünsche Firmengruppe)	1:27:14
15.	Alexander Schütt (GER)	1:27:21
16.	Alexander Jorzik (GER)	1:27:23
17.	Bastian Stölken (GER, HSV96)	1:28:34
18.	Norman Bonchor (GER, r-acer)	1:28:36
19.	Christoph Zoitke (GER, r-acer)	1:29:08
20.	Alexander Kammermeier (GER)	1:29:08
21.	Daniel Michalik (GER)	1:29:20
22.	Thomas Brecour (GER)	1:29:31
23.	Sebastian Brüller (GER)	1:29:52
24.	Mario Vogt (GER, Alpenrose)	1:30:08
25.	Torben Adelmund (GER, E.ON Hanse 2)	1:30:11
26.	Marc Engeland (GER)	1:30:30
27.	Christopher Zipfl (GER, Fantastic Four)	1:30:47
28.	Marcus Reuter (GER, DOLMAR Team Sprint)	1:30:55
29.	Constantin Drapatz (GER)	1:31:04
30.	Tim Hoischen (GER, Otto Wulff Bauunternehmen)	1:32:37
31.	Felix Wegner (GER)	1:33:30
32.	Alexander Talvik (GER)	1:34:26
33.	Florian Scheske (GER)	1:34:41
34.	Andre Soldwedel (GER, Wünsche Firmengruppe)	1:35:15
35.	Sascha Grewe (GER, Gut Heil Itzehoe)	1:35:47
36.	Claas Henkis (GER)	1:36:03
37.	Klaus Winter (GER, E.ON Hanse 2)	1:37:34
38.	Norman Borchert (GER)	1:39:16
39.	Philipp Rettberg (GER, antauris AG 1)	1:42:32
40.	Dennis Kronwald (GER)	1:43:41
41.	Paul Stempel (GER, antauris AG 2)	1:45:32
42.	Richard Blache (GER, Kluth)	1:46:25
43.	Karl Preuß (GER, Sweatballs 4)	1:54:44
44.	Marco Scholle (GER, antauris AG 2)	1:58:19
45.	Daniel-Alexander Siller (GER)	2:35:10

AK2 M (25-29)

1.	Dominik Reipen (GER, TG Neuss)	1:10:25
2.	Bryan Wakefield (GER, Omya Peralta Team 1)	1:12:07
3.	Fabian Eckhardt (GER)	1:12:36
4.	Kai Neubauer (GER)	1:13:14
5.	Lutz Schenk (GER)	1:13:24
6.	Torsten Neuhaus (GER)	1:14:00
7.	Sebastian Schüller (GER)	1:15:54
8.	Timo Meier (GER)	1:16:15
9.	Martin Kleinemas (GER)	1:17:12
10.	Ullrich Mielau (GER, TSV Heiligenrode)	1:17:49
11.	Andreas Rommersbach (GER, Volksdorf)	1:18:28
12.	Thomas Nehls (GER)	1:18:46
13.	Timo Wohlert (GER)	1:19:10
14.	Alexander Matthies (GER, Fantastic Four)	1:19:16
15.	Jan Rune Rühaak (GER, NXP Semiconductors)	1:20:21
16.	Christian Kühn (GER)	1:20:33
17.	Markus Jacobi (GER, E.ON Hanse 2)	1:20:53
18.	Florian Rudolph (GER)	1:21:16
19.	Sven Döbel (GER)	1:21:24
20.	Thomas Kuhn (GER, Pfeiff drauf!)	1:21:30
21.	Heiko Bertelmann (GER)	1:22:08
22.	Hendrik Alberts (GER, TEAM TOLENZA)	1:22:33
23.	Lars Weidner (GER, DOLMAR Team Sprint)	1:23:06
24.	Michael Heidrich (GER)	1:23:10
25.	Marco Dittrich (GER, MFriends2007)	1:23:16
26.	Michael Murrins (GER, TriComponents.info)	1:23:41
27.	Stefan Henrichs (GER)	1:23:58
28.	Dirk Engels (GER)	1:24:00
29.	Martin Kathenbach (GER)	1:24:03
30.	Conrad Laska (GER)	1:24:12
31.	Kevin Korzanowski (GER, Blackendorphin)	1:24:23
32.	Arndt Bohlen (GER)	1:25:12
33.	Thorsten Frost (GER)	1:25:22
34.	Daniel Dembkowski (GER, Fantastic Four)	1:25:29
35.	Sebastian Schlegel (GER)	1:25:44
36.	Ronny Tesch (GER, Alice-Tri Sport)	1:25:57
37.	Tobias Bochow (GER, Pfeiff drauf!)	1:26:05
38.	Torben Schmidtke (GER)	1:26:11

39. Jan Gramatzki (GER, Planters Planscher) 1:26:12
40. Carsten Tietz (GER, HAMBURG WASSER) 1:26:13
41. Robert Fröhlich (GER, X und Obelix) 1:26:32
42. Hendrik Schröder (GER) 1:26:32
43. Jan Müller-Gödeke (GER) 1:26:38
44. David Bleicken (GER) 1:26:40
45. Danny Fritz (GER) 1:26:46
46. Torben Graefe (GER) 1:26:58
47. Sebastian Becker (GER) 1:27:20
48. Lars Wegener (GER, Muh Muh Mutschekuh) 1:27:51
49. Daniel Evert (GER) 1:27:59
50. Fabian Brocks (GER) 1:27:59
51. Alexander Rademacher (GER) 1:28:03
52. Maik Hase (GER, Alice-Tri Sport) 1:28:14
53. Mathias Neeb (GER) 1:29:04
54. Sven Höcker (GER) 1:29:06
55. Kim Bertheussen (NOR) 1:29:12
56. Christian Wilgusch (GER, Omya Peralta Team 5) 1:29:41
57. Roman Lang (GER, Harry-Brot GmbH) 1:29:51
58. Eike Butt (GER, Knödelteam) 1:30:10
59. Lutz Heckel (GER) 1:30:11
60. Nico Richter (GER, Team Fridolin) 1:30:16
61. Kathi Birkwald (GER) 1:30:28
62. Sebastian Witte (GER) 1:30:49
63. Christian Weiß (GER) 1:30:50
64. Ole Langmaack (GER, E.ON Hanse 1) 1:31:21
65. Thomas Loof (GER) 1:32:08
66. Daniel Fecke (GER, die muskelkater) 1:33:14
67. Thomas Wittig (GER) 1:33:32
68. Marc Sievers (GER, Wünsche Firmengruppe) 1:33:34
69. Christian Kelch (GER) 1:34:00
70. Hendrik Vieth (GER) 1:34:33
71. Mirco Urban (GER) 1:34:39
72. Martin Utesch (GER, Planters Planscher) 1:34:55
73. Florian Schütt (GER, Enegy Team Burweg) 1:34:55
74. Bernd Repenning (GER) 1:35:19
75. Björn Thun (GER) 1:35:23
76. Gerrit Straubel (GER) 1:35:35
77. Patrick Hertl (GER, feddersen meets sports) 1:35:42
78. Bastian Reimer (GER) 1:37:14
79. Thomas Poplat (GER, E.ON Hanse 2) 1:37:14
80. Philip Würpel (GER) 1:37:39
81. Henning Heuckeroth (GER) 1:39:47
82. Ralf Feldmann (GER, Team HFZ) 1:40:26
83. Martin Mittmesser (GER) 1:40:31
84. Lorenz Kitzinger (GER) 1:40:36
85. Robert Pärsch (GER) 1:41:31
86. Henning Petz (GER) 1:42:30
87. Rene Homp (GER) 1:45:07
88. Mitja Wittke (GER) 1:46:54
89. Söhnke Holst (GER) 1:47:08
90. Lars Haberkorn (GER) 1:47:51
91. Karl Philipp Ehlerding (GER, Planters Planscher) 1:48:30
92. Jan Rumstich (GER, HAMBURG WASSER) 1:48:33
93. Thorsten Pohl (GER, Technik Triathlon Team) 1:49:10
94. Thorsten Mathias (GER) 1:49:15
95. Florian Baumgart (GER, Kluth) 1:49:29
96. Benjamin Faslija (GER, E.ON Hanse 2) 1:58:38
97. Sebastian Nitschmann (GER, Schwammdrüber) 1:58:45
98. Thomas Piepkorn (GER, Alpenrose) 2:04:54
99. Sean Kirby (GER) 2:35:16

AK3 M (30-34)

1. Tobias Freund (GER, Hamburg Wasser 1) 1:11:08
2. Marc Hoffmann (GER, Elbdeicher) 1:12:39
3. Jörn Corleis (GER) 1:14:44
4. Claas Voigt (GER, freenet) 1:15:40
5. Sven Neumann (GER) 1:16:11
6. Siegfried Hellmich (GER, SV Bergisch Gladbach) 1:16:24
7. Hendrik Schurig (GER, Hamburg Wasser 1) 1:17:09
8. Thorsten Annussek (GER) 1:18:55
9. Lars Lohmann (GER) 1:19:33
10. Ulli Sachse (GER) 1:20:11
11. Oliver Wagner (GER, Alpenrose) 1:20:15
12. Thomas Dalecki (GER) 1:20:28
13. Joachim Genest (GER) 1:21:15
14. Ansgar Jüchter (GER, VAF-Stürmer) 1:21:53
15. Florian Ambach (GER, Team: Sweatballs 1) 1:22:18
16. Raul Schreiber (GER, Team HFZ) 1:22:23
17. Martin Ritter (GER, antauris AG 2) 1:22:51
18. Jan Görke (GER, Speedy PD) 1:22:58
19. Ralf Löding (GER, E.ON Hanse 1) 1:23:02
20. Karsten Luckey (GER, Cube Nordhessen) 1:23:06
21. Georg Kubina (GER) 1:23:10
22. Michael Erdtmann (GER, ETHICON) 1:23:11
23. Andreas Kühn (GER, NXP Semiconductors) 1:23:13
24. Peter Cornelius (GER, 3Bandits) 1:23:25
25. Uwe Schirmer (GER) 1:23:28
26. Marco Semrau (GER) 1:23:30
27. Christoph Rox (GER, Alpenrose) 1:23:31
28. Benjamin Klotz (FRA, Power8) 1:23:33
29. Jens Brümmer (GER, EP: Sterling) 1:23:37
30. Thorsten Stumpp (GER) 1:23:50
31. Ulf Graumann (GER, Stil&Stadt Team) 1:24:18
32. Eik Vettorazzi (GER) 1:24:26
33. Kai Merkert (GER) 1:24:32
34. Nils Hegerding (GER) 1:24:40
35. Martin Lehnert (GER, Die Aufschneider) 1:25:04
36. Dirk Liebold (GER) 1:25:08
37. Ronny Knölk (GER) 1:25:20
38. Phillip Sack (GER, Elbperlen) 1:25:31
39. Jörg Meyer (GER, E.ON Hanse 1) 1:25:34
40. Dirk Karwath (GER, Philips Medical Systems 2) 1:25:53
41. Stefan Kreska (GER, Hamburg Wasser 1) 1:25:54
42. Guido Trigo Alves (GER) 1:26:22
43. Jörg Schulte (GER) 1:26:31
44. Stefan Schröder (GER) 1:26:37
45. Sven Schmidt-Hirsch (GER, Volksdorf) 1:26:38
46. Andreas Claasen (GER, Philips Medical Systems 1) 1:27:07
47. Alexander Kneidl (GER, Wasserskiclub Hamburg e.V) 1:27:08
48. Bastian Meyer (GER, ELIXIA Triathlon Team) 1:27:35
49. Cedric Vigouroux (FRA, Power8) 1:27:43
50. Conor Cronin (GBR, medac 2) 1:27:52
51. Oliver Sehm (GER, ELIXIA Triathlon Team) 1:28:01
52. Jan Dröge (GER) 1:28:22
53. Tim Hallberg (GER) 1:28:24
54. Thorben Nehrdich (GER, tesa) 1:28:38
55. Maximilian Rothe (GER) 1:28:48
56. Christoph Goemann (GER) 1:28:55
57. Jonathan Blauvelt (USA, TEAM TOLENZA) 1:28:59
58. Olaf Eggers (GER, TSV Pilsi) 1:29:14
59. Frank Strunzkus (GER) 1:29:26
60. Michael Weitz (GER, CHOREN) 1:29:28
61. Henning Tapken (GER, HAMBURG WASSER) 1:29:33
62. Marc Hoischen (GER, Otto Wulff Bauunternehmen) 1:29:41
63. Daniel Küttner (GER) 1:29:44
64. Henry Ehlert (GER,) 1:29:45
65. Christian Wehmeyer (GER) 1:29:51
66. Oliver Stockstrom (GER) 1:30:23
67. Jan Ehlers (GER) 1:30:24
68. Sebastian Sanitz (GER) 1:30:47
69. Max Urban (GER, Philips Medical Systems 1) 1:30:52
70. Matthias Siemer (GER) 1:30:57
71. Guido Zerbe (GER, Stil&Stadt Team) 1:31:04
72. Daniel Wenck (GER, Fenthols) 1:31:05
73. Niels From (DEN, Vorjahressieger 2) 1:31:16
74. Nikolai Fahje (GER) 1:31:27
75. Christian Blanck (GER) 1:31:38
76. Lars Bernig (GER, HAMBURG WASSER) 1:31:58
77. Christian MeyerWolff (GER, Wasserskiclub Hamburg e.V) 1:32:02
78. Johannes Eichholz (GER) 1:32:09
79. Rando Krüger (GER) 1:32:14
80. Charles Etienne Houssa (BEL, Omya Peralta Team 7) 1:32:19
81. Gregor Zöller (GER, 3Bandits) 1:32:26
82. Tom Stehr (GER, Wünsche Firmengruppe) 1:32:42
83. Michael Giese (GER, DOLMAR Team Sprint) 1:32:59
84. Nils Degener (GER, wmco-winter) 1:33:06
85. Jan Bußhoff (GER, Alpenrose) 1:33:15
86. Karsten Kühl (GER) 1:33:19
87. Tobias Teufer (GER) 1:33:27
88. Michael Brüggershemke (GER, Schwammdrüber) 1:34:19
89. Matthias Freudenberg (GER, FF Buchholz) 1:34:21
90. Stefan Boie (GER, Die Tridioten) 1:34:22
91. Markus Moog (GER, Die Tridioten) 1:34:22
92. Stephan Lippert (GER) 1:34:28
93. Wasse Schrader (GER, Otto Wulff Bauunternehmen) 1:34:32
94. Markus Meisel (GER) 1:34:48
95. Jan-Peer Hentrop (GER) 1:34:51
96. Matthias Bretz (GER) 1:35:04
97. Sebastian Cherdron (GER, Patchwork Family) 1:35:05
98. Christian Schulz (GER) 1:35:11
99. Thomas Beck (GER, freenet) 1:35:11
100. Torsten Hänsel (GER) 1:35:33
101. Jens Freund (GER) 1:35:48
102. Martin Strube (GER) 1:35:50
103. Kai Mathias (GER) 1:35:57
104. Lars Wieczorek (GER) 1:35:58
105. Ralph Homuth (GER, sylt-posties) 1:36:32
106. Mark Kretschmann (GER, freenet) 1:36:36
107. Alexander Gödeke (GER, AKTIVION) 1:36:43
108. Stephan Puvogel (GER, Germania Steinburg) 1:36:45
109. Usama Slaibi (GER, Otto Wulff Bauunternehmen) 1:36:57
110. Wolfgang Doleschel (GER) 1:37:31
111. Mathias Eckstein (GER) 1:37:39
112. Jan Hennings (GER) 1:37:44
113. Derk Daubert (GER, SchOn So spät ?) 1:37:56
114. Kai Jüntgen (GER, HAMBURG WASSER) 1:38:35
115. Sebastian Müller (GER) 1:38:36
116. Stefan Zobel (GER) 1:38:37
117. Marco Schimkus (GER) 1:38:41
118. Steffen Büscher (GER, Alpenrose) 1:38:55
119. Thomas Westphal (GER) 1:38:56
120. Ingo Brodersen (GER) 1:39:06
121. Marc Lohstöter (GER, Hamburgberlin) 1:39:23
122. Jan Mohr (GER, Kaifu Tri Team) 1:39:30
123. Alexander Becker (GER) 1:39:36
124. Stephan Lipp (GER, Team: Sweatballs 7) 1:39:51
125. Torsten Kralisch (GER) 1:40:02
126. Sascha Bruhn (GER, E.ON Hanse 1) 1:40:07
127. Leonardo D Onofrio (ITA) 1:40:15
128. Tobias Beyer (GER) 1:40:17
129. Tobias Schnardthorst (GER, NXP Semiconductors) 1:40:20
130. Peter Friese (GER, ELIXIA Triathlon Team) 1:40:26
131. Thomas Kühnlenz (GER) 1:40:29
132. Stefan Lüdemann (GER) 1:40:38
133. Uwe Krause (GER) 1:40:49
134. Karsten Winckler (GER) 1:40:55
135. Markus Fischbach (GER) 1:41:05
136. Rene Schleich (GER) 1:41:14
137. Marco Hari (GER) 1:41:28
138. Hans-Jakob Otto (GER) 1:41:51
139. Mike Abt (GER) 1:41:53
140. Dominique Gröne (GER, Alpenrose) 1:43:00
141. Christopher Schlage (GER) 1:44:14
142. Markus Struss (GER) 1:44:19
143. Jesko Dahlmann (GER) 1:46:38
144. Jan Wittern (GER, antauris AG 1) 1:46:49
145. Frank Meyer (GER, Hamburgberlin) 1:47:29
146. Christoph Dolzanski (GER, HAMBURG WASSER) 1:51:06
147. Timo Bothe (GER, BOTHE) 1:51:25
148. Thorsten Lutter (GER, Die Tridioten) 1:53:53
149. Marc Lüben (GER) 1:54:53
150. Andre Slat (GER, Otto Wulff Bauunternehmen) 1:56:33
151. Joachim Koepke (GER) 1:57:20
152. Sven Thiemann (GER) 2:00:30
153. Dirk Storm (GER, Technik Triathlon Team) 2:10:40
154. Jan Gerlach (GER) 2:35:15

AK4 M (34-39)

1. Sebastian Zeiger (GER) 1:08:06
2. Oliver Kalmes (GER, SV Bergisch Gladbach) 1:08:15
3. Ingo Beckemper (GER) 1:11:04
4. Jan Heise (GER, HAMBURG WASSER) 1:11:13
5. Dirk Meyer (GER, Hamburg Wasser 1) 1:12:47
6. Gernot Witte (GER, Hamburg Wasser 1) 1:13:26
7. Christoph Hoeren (GER, Vorjahressieger 1) 1:13:39
8. Thomas Tausendfreund (GER) 1:14:24
9. Michael Reuter (GER, TSV Oettingen) 1:15:22
10. Markus Kluger (GER) 1:16:08
11. Stephan Meyer (GER, ELIXIA Triathlon Team) 1:16:27
12. Hans Meyer-Hermann (GER) 1:16:43
13. Morris Stahl (GER) 1:16:59
14. Carsten Rüger (GER, Vorjahressieger 1) 1:17:03
15. Ralf Bucher (GER) 1:17:08
16. Volker Nowak (GER) 1:17:28
17. Oliver Presser (GER) 1:17:38
18. Jens Niebuhr (GER, SGWasserrattenNorderstedt) 1:17:59
19. Olaf Schulze (GER, CHOREN) 1:18:09
20. Marc Steinhardt (GER) 1:18:22
21. Arne Tiedemann (GER, Holsteiner Stahlwade) 1:18:36
22. Dirk Jegminat (GER) 1:18:37
23. Frank Bode (GER) 1:19:03
24. Peer Schmidt (GER, Nestle AG) 1:19:24
25. Harald Strecke (GER, SV Bergisch Gladbach) 1:19:26
26. Andre Halle (GER) 1:19:43
27. Andreas Cölsmann (GER) 1:19:51
28. Peter Seliger (GER) 1:19:56
29. Frank Schultz (GER) 1:20:01
30. Daniel Kloes (GER, tesa) 1:20:01
31. Jörg Rybicki (GER) 1:20:12
32. Mathias Eggers (GER, sport möller) 1:20:20
33. Nils Brüchert-Pastor (GER) 1:20:48
34. Thomas Bettger (GER, Hamminkelner SV) 1:20:49
35. Dirk Füllhase (GER) 1:20:53
36. Stefan Härtel (GER) 1:21:02
37. Dirk Niederhaus (GER) 1:21:03
38. Ronald Behrendt (GER) 1:21:09
39. Johnes Heger (GER, NXP Semiconductors) 1:21:15
40. Gordon Krull (GER) 1:21:20

41.	Tom Jansen (GER)	1:21:24
42.	Raphael Hartmann (GER, HHLA-Sprint)	1:21:25
43.	thilo Holtz (GER)	1:21:31
44.	René Morlang (GER)	1:21:34
45.	Frank Machel (GER, Hamburg Wasser 2)	1:21:37
46.	Markus Dreyer (GER, Team: Sweatballs 4)	1:21:44
47.	Johannes Trabert (GER, HamburgRacingTeam)	1:21:45
48.	Jürgen Kellner (GER)	1:21:54
49.	André Lüthje (GER, Hamburg Wasser 2)	1:21:56
50.	Jens Buschmann (GER, tesa)	1:22:04
51.	Martin Ostermayer (GER)	1:22:12
52.	Uwe Griebenow (GER, Angelwoche)	1:22:25
53.	Thomas Heyer (GER)	1:22:38
54.	Dirk Röper (GER)	1:22:40
55.	Guido Blödorn (GER)	1:22:41
56.	Fabian Bontjes van Beek (GER)	1:22:51
57.	Thorsten Schmitt (GER)	1:22:54
58.	Eike Lömker (GER, Steinbeis Temming Papier)	1:22:59
59.	Nicola Weber (GER, 1. Hamburger 12-Kampf 2)	1:23:04
60.	Thomas Gampe (GER)	1:23:07
61.	Jürgen Scheel (GER)	1:23:08
62.	Hardy Rübsam (GER)	1:23:30
63.	Frank Schüßler (GER, Team: Sweatballs 1)	1:23:33
64.	Thomas Greve (GER)	1:23:35
65.	Sven Freese (GER, antauris AG 1)	1:23:42
66.	Matthias Lemenkühler (GER)	1:23:43
67.	Alexander Batz (GER, Elbdeicher)	1:24:01
68.	Ingo Porsche (GER)	1:24:18
69.	Dirk Punthöler (GER)	1:24:19
69.	Patrick Pabst (GER, Miele)	1:24:19
71.	Jörg Kieneke (GER, tesa)	1:24:21
72.	Jörg Heitbrack (GER, Pfeiff drauf!)	1:24:29
73.	Stefan Röde (GER)	1:24:39
74.	Birk Gallmeister (GER)	1:24:49
75.	Uli Balzert (GER, Steinbeis Temming Papier)	1:24:51
76.	Ralph Radigk (GER)	1:25:02
77.	Philip Neuhaus (GER, vision07)	1:25:06
78.	Oliver Wischer (GER, Tri - Lippstadt)	1:25:12
79.	Sebastian Clausen (GER, los gonzales)	1:25:13
80.	Holger Stemmer (GER, ETHICON)	1:25:20
81.	Andre Zapp (GER)	1:25:27
82.	Stephan Faßhauer (GER)	1:25:32
83.	Axel Gerlach (GER, ELIXIA Triathlon Team)	1:25:37
84.	Steffen Lühr (GER, antauris AG 2)	1:25:43
85.	Joachim Kube (GER)	1:25:45
86.	Heiko Wiepking (GER)	1:25:49
87.	Andreas Allonge (GER)	1:26:01
88.	Marco Pflugradt (GER)	1:26:04
89.	Boris Reski (GER)	1:26:26
90.	Stefan Fischer (GER, Vorjahressieger 1)	1:26:36
91.	Frank Slanina (GER)	1:26:37
92.	Jan-Carsten Ihle (GER)	1:26:43
93.	Olaf Lüders (GER)	1:26:54
94.	Stephan Behrens (GER, B-Team)	1:26:54
95.	Oliver Thedrian (GER, Club 28)	1:27:02
96.	Gerald Falkenburg (GER, BSG Holsten)	1:27:05
97.	Eugen Gross (AUT)	1:27:12
98.	Frank Heidlberger (GER)	1:27:13
99.	Ingo Struckmeyer (GER)	1:27:14
100.	Matthias Lühr (GER)	1:27:18
101.	Frank Krause (GER, Poel)	1:27:31
102.	Patrick Biastoch (GER, sport möller)	1:27:36
103.	Gunnar Wendt (GER)	1:27:46
104.	Dirk Obenhaus (GER)	1:27:46
105.	Lars Paries (GER, BSG Holsten)	1:27:49
106.	Wolfgang Simon (GER, Die Aufschneider)	1:27:50
107.	Axel Schöttner (GER)	1:28:02
108.	Stefan Rumpf (GER)	1:28:02
109.	Martin Zimmel (GER, M&Ms)	1:28:04
110.	Kay Harder (GER, dino)	1:28:06
111.	Michael Haberkorn (GER, Wir nicht....)	1:28:11
112.	Holger Drust (GER)	1:28:20
113.	Christian Grehn (GER, Team: Sweatballs 5)	1:28:21
114.	Matthias Barre (GER, antauris AG 1)	1:28:35
115.	Oliver Jurk (GER)	1:28:40
116.	Michael Ostendorf (GER, antauris AG 2)	1:28:46
117.	Achim Spittler (GER, sport möller)	1:28:46
118.	Jochen Petersen (GER, CHOREN)	1:29:17
119.	Stefan Dorndorf (GER, Hamburg Wasser 2)	1:29:30
120.	Reinhard Bökel (GER, Club 28)	1:29:31
121.	Alexander Stock (GER)	1:29:33
122.	Karsten Kebernick (GER)	1:29:56
123.	Olaf Petersen (GER, dunas)	1:30:02
124.	Karsten Schmidt (GER, Alice-Tri Sport)	1:30:07
125.	Florian Kretschmer (GER, HAMBURG WASSER)	1:30:09
126.	Ingo Pörsch (GER)	1:30:10
127.	Christian Mawrin (GER)	1:30:11
128.	Dirk Schlatermund (GER, Omya Peralta Team 1)	1:30:21
129.	Markus Meyer-Westphal (GER, motoso.de)	1:30:21
130.	Holger Popp (GER, Germania Steinburg)	1:30:25
131.	Frank Lohmann (GER)	1:30:33
132.	Claus-Dieter Bergmann-Behm (GER)	1:30:36
133.	Phillipp Preugschat (GER, Elbdeicher)	1:30:39
134.	Andreas Diaz (GER)	1:30:47
135.	Arnd Zabka (GER)	1:30:53
136.	Kai Datschewsky (GER, Pfeiff drauf!)	1:30:54
137.	Jörg Siese (GER, AKTIVION)	1:30:55
138.	Frank Fludra (GER)	1:30:56
139.	Alexander Forward (GER, ELIXIA Triathlon Team)	1:31:06
140.	René Derlin (GER)	1:31:07
141.	Moritz Pelzl (GER)	1:31:10
142.	Carsten Peintinger (GER)	1:31:11
143.	Martin Grimm (GER)	1:31:25
144.	Jens Träger (GER)	1:31:32
145.	Dirk Kaiser (GER, schleifer)	1:31:51
146.	Stefan Gröner (GER)	1:31:54
147.	Klaus Grumpelt (GER)	1:31:59
148.	Karsten Kledtke (GER)	1:32:05
149.	Hartmut Pils (GER)	1:32:32
150.	Daniel Hammermann (GER, antauris AG 1)	1:32:46
151.	Björn Gross (GER)	1:32:48
152.	Lars Riehn (GER, HamburgRacingTeam)	1:32:57
153.	Ralf Kukowski (GER, HAMBURG WASSER)	1:33:02
154.	Maik Hamann (GER, Vattenfall)	1:33:07
155.	Andreas Koch (GER, Team: Sweatballs 5)	1:33:09
156.	Sven Kruse (GER, Empor Berlin)	1:33:15
157.	Oliver Paul (GER)	1:33:28
158.	Harald Rösner (GER)	1:33:32
159.	Ronald Römer (GER, NXP Semiconductors)	1:33:33
160.	Dietmar Dommenget (GER, AKTIVION)	1:33:33
161.	Andreas Sietz (GER, BSG Siemens/BSV HH)	1:33:46
162.	Michael Meisohle (GER, Lufthansa 2)	1:33:48
163.	Oliver Hegeler (GER)	1:33:52
164.	Olaf Jakobsen (GER)	1:33:55
165.	Andreas Kumm (GER, Omya Peralta Team 5)	1:34:05
166.	Thorsten Held (GER)	1:34:11
167.	Oliver Nafe (GER, Alpenrose)	1:34:20
168.	Veit Grossmann (GER, ELIXIA Triathlon Team)	1:34:23
169.	Dieter Brettmann (GER)	1:34:26
170.	Detlev Coenen (GER, SchOn So spät ?)	1:34:32
171.	Martin Harms (GER, sport möller)	1:34:35
172.	Jörg Schönau (GER, Jannick-Go!)	1:34:37
173.	Axel Born (GER)	1:34:49
174.	Christian Gipp (GER)	1:34:54
175.	Andreas Rode (GER)	1:35:00
176.	Guido Wunschik (GER)	1:35:02
177.	Oliver Patzwahl (GER, HAMBURG WASSER)	1:35:13
178.	Matthias Kirsten (GER, DANKE-ALF)	1:35:14
179.	Sven Wagner (GER)	1:35:16
180.	Robert Etten (GER)	1:35:22
181.	Carsten Hoefer (GER)	1:35:48
182.	Christian Lampe (GER)	1:35:51
183.	Oliver Weinel (GER, Stil&Stadt Team)	1:35:54
184.	Michael Ossenbrüggen (GER)	1:35:55
185.	Kay-Udo Giencke (GER)	1:36:04
186.	Detlev Brodkorb (GER)	1:36:09
187.	Michael Otte (GER, FF-Pöseldorf)	1:36:27
188.	Björn Koch (GER)	1:36:48
189.	Andre Münzberg (GER)	1:36:52
190.	Thomas Seyffarth (GER, football goes triathlon)	1:37:22
191.	Mario Schill (GER, Thüringer Dream-Team KMS)	1:37:41
192.	Mano Werner (GER)	1:38:00
193.	Marco Dührkopp (GER)	1:38:03
194.	Torben Thies (GER)	1:38:03
195.	Thorsten Rehling (GER)	1:38:25
196.	Michael Zapp (GER)	1:38:39
197.	Dirk Zieschang (GER)	1:38:48
198.	Christian Gäde (GER, tesa)	1:38:49
199.	Viktor Ekstam (FIN, Omya Peralta Team 7)	1:38:51
200.	Carsten Zimdars (GER)	1:38:53
201.	Matthias Hannig (GER)	1:39:00
202.	Ralf Goetz (GER)	1:39:00
203.	Michael Flindt (GER)	1:39:07
204.	Heiko Spranger (GER, medac 2)	1:39:09
205.	Thore Levetzow (GER, Team: Sweatballs 2)	1:39:10
206.	Rajko Kowalik (GER)	1:39:43
207.	Björn Arlt (GER)	1:39:52
208.	Oliver Schmidt (GER, Wasserskiclub Hamburg e.V)	1:40:02
209.	Garlef Hartmann (GER)	1:40:04
210.	Carsten Thiemann (GER)	1:40:04
211.	Henning Kahlke (GER)	1:40:10
212.	Bernd Jacobsen (GER)	1:40:15
213.	Ömer Bozkurt (GER, ELIXIA Triathlon Team)	1:40:15
214.	Jens Baumgart (GER, HAMBURG WASSER)	1:40:23
215.	Andreas Höth (GER)	1:40:26
216.	Wolfgang Hempell (GER)	1:40:40
217.	Graham Millar (IRL)	1:40:42
218.	Heiko Skodzik (GER, drlo)	1:41:08
219.	Ralph Quitzau (GER)	1:41:17
220.	Thomas Wenninger (GER, Olympus)	1:41:18
221.	Frank Heidrich (GER)	1:41:37
222.	Lars Feddersen (GER, Kaifu Tri Team)	1:42:09
223.	Oliver Jaenisch (GER)	1:42:10
224.	Frank Zenk (GER)	1:42:22
225.	Olaf Hiller (GER)	1:43:02
226.	Stephan Gerriets (GER)	1:43:51
227.	Markus Mahl (GER, Faulquappen)	1:43:58
228.	Patrick Rogalski (GER, Faulquappen)	1:43:58
229.	Frank Lüthe (GER, Faulquappen)	1:43:58
230.	Stephan Schäfer (GER, Team: Sweatballs 7)	1:44:28
231.	Sascha Schwichtenberg (GER)	1:44:43
232.	Sönke Witt (GER, Marmstorfer Jungs)	1:44:54
233.	Dirk Pahl (GER, E.ON Hanse 1)	1:44:56
234.	André Ostendorf (GER, antauris AG 1)	1:44:58
235.	Christian Wende (GER)	1:45:02
236.	Zbigniew Wrycz-Rekowski (GER, HAMBURG WASSER)	1:46:09
237.	Dirk Behrens (GER, Technik Triathlon Team)	1:46:27
238.	Jörg Kitlinski (GER)	1:46:28
239.	Christian Nahrwold (GER)	1:46:30
240.	Martin Giese (GER)	1:46:49
241.	Stephan Hanke (GER)	1:47:31
242.	Volker Knubbe (GER)	1:47:45
243.	Sven Schultz (GER, HAMBURG WASSER)	1:48:00
244.	Sven Creter (GER, HOSCHEN)	1:48:12
245.	Gunnar Hansen (GER, HAMBURG WASSER)	1:48:18
246.	Jens-Bert Meyer (GER, hsv99er)	1:49:16
247.	Michael Reinecker (GER, football goes triathlon)	1:49:37
248.	Michael Herholdt (GER)	1:49:45
249.	Jörg Mahl (GER)	1:49:50
250.	Stefan Heil (GER)	1:50:07
251.	Stephan Krause (GER, tritop)	1:50:22
252.	Olaf Brauel-Jahnke (GER)	1:51:36
253.	Oliver Christiansen (GER, E.ON Hanse 1)	1:53:42
254.	Claus Werner (GER)	1:53:47
255.	Andre König-Büch (GER)	1:57:43
256.	Dirk Eppler (GER, HAMBURG WASSER)	1:58:27
257.	Norbert Röhr (GER, DANKE-ALF)	2:00:17
258.	Sven Sommer (GER, VAF-Mittelfeld)	2:00:49
259.	Alexander Treiber (GER)	2:00:59

Senioren 1 M (40-44)

1.	Uwe Bandmann (GER)	1:07:57
2.	Peter Scholz (GER)	1:10:21
3.	Torsten Westphal (GER)	1:11:01
4.	Christoph Südfeld (GER)	1:11:13
5.	Detlef von Garrel (GER)	1:11:57
6.	Holger Tendera (GER)	1:12:14
7.	Peter Hanson (USA)	1:12:56
8.	Dirk Sauer (GER)	1:14:43
9.	Christian Kröger (GER)	1:15:41
10.	Heiko Ottow (GER, FC St. Pauli Triathlon)	1:15:43
11.	Tilo Schelsky (GER)	1:15:45
12.	Paul Lechner (GER)	1:15:49
13.	Lothar Lakies (GER)	1:16:05
14.	Matthias Putzke (GER)	1:16:24
15.	Thomas Konrad (GER)	1:16:46
16.	Arnd Meyer-Hermenau (GER, Walters Erben)	1:17:10
17.	Klaus Becker (GER)	1:18:03
18.	Bernd Wilkens (GER)	1:18:06
19.	Andre Richters (GER)	1:18:06
20.	Carsten Henjes (GER, ELIXIA Triathlon Team)	1:18:17
21.	Rudi Dettmann (GER)	1:18:53
22.	Stefan Thalhammer (SUI, ELIXIA Triathlon Team)	1:18:54
23.	Thomas Schmidt (GER)	1:19:21
24.	Volker Stiller (GER)	1:19:41
25.	André Richter (GER)	1:20:00
26.	Markus Grote (GER)	1:20:08
27.	Rolf Büssau (GER)	1:20:10
28.	Olaf Kamp (GER)	1:20:18
29.	Detlev Braack (GER)	1:20:22
30.	Joachim Schäfer (GER)	1:20:27
31.	Niclas Hoffmann (GER)	1:20:29
32.	Volker Palberg (GER)	1:20:37
33.	Michael Hunold (GER, Steinbeis Temming Papier)	1:20:53
34.	Rainer Behnke (GER, ELIXIA Triathlon Team)	1:21:00
35.	Mario Meyer (GER, Hamburg Wasser 1)	1:21:04
36.	Gero Haacker (GER)	1:21:17
37.	Dirk Eichholz (GER)	1:21:28
38.	Lars Maywald (GER, tesa)	1:21:29
39.	Guido Beyer (GER, Team: Sweatballs 3)	1:21:33

40. Tilman Sanitz (GER) 1:21:33
41. Jürgen Müller (GER) 1:21:36
42. Frank Knoblauch (GER) 1:21:37
43. Ralf Schröder (GER, OLD NAVY) 1:21:44
44. Michael Beihsner (GER) 1:21:50
45. René Schikowski (GER, Team: Sweatballs 1) 1:21:57
46. Rafael Profenna (GER) 1:22:09
47. jürgen Waffner (GER) 1:22:09
48. Gunnar Jans (GER) 1:22:23
49. Thomas Chollet (GER) 1:22:25
50. Ingolf Cohrs (GER, HHLA-Sprint) 1:22:26
51. Marcus Müller (GER) 1:22:41
52. Peter Humbert (GER, 1. Hamburger 12-Kampf 1) 1:22:49
53. Michael Pohl (GER) 1:22:56
54. Reinhold Scholz (GER, HAMBURG WASSER) 1:22:57
55. Hans-Joachim Barnickel (GER, SUNSET-CLUB) 1:23:03
56. Kai Uwe Zylau (GER, werk3 Triathlon Hamburg) 1:23:24
57. Thomas Napp (GER) 1:23:36
58. Michael Haß (GER) 1:23:42
59. Steffen Jahn (GER) 1:24:18
60. Olaf Sylvester (GER) 1:24:19
61. Ingo Johannsen (GER) 1:24:20
62. Oliver Vanselow (GER) 1:24:22
63. Christian Vorwerk (GER) 1:24:24
64. Klaus Uwira (GER, SUNSET-CLUB) 1:24:29
65. Heiko Schrieber (GER) 1:24:37
66. Sven Duve (GER) 1:24:41
67. Sven Martens (GER, Hamburg Wasser 1) 1:24:55
68. Carsten Peckmann (GER) 1:24:56
69. Peter Ziems (GER, TSV Brokstedt) 1:25:01
70. Knut Wermke (GER, Housemaster) 1:25:04
71. Frank Bendix (GER) 1:25:06
72. Dirk Schneider (GER) 1:25:09
73. Michael Moeglich (GER) 1:25:21
74. Marc Voss (GER) 1:25:31
75. Roland Paetzold (GER) 1:25:32
76. Frank Hoehne (GER) 1:25:43
77. Dirk Runge (GER) 1:25:48
78. Mirko Menge (GER, early.birds) 1:25:52
79. Nils Pramschiefer (GER) 1:25:52
80. Oliver Bielenberg (GER) 1:25:53
81. Jürgen Kriegel (GER) 1:25:55
82. Jan Meyer-Sach (GER) 1:26:02
83. Thomas Knorr (GER) 1:26:02
84. Thomas Rogalla (GER) 1:26:05
85. Thorsten Kraßmann (GER) 1:26:15
86. Ralf Winkelmann (GER) 1:26:18
87. Lars Steffensen (GER) 1:26:23
88. Ralf Heuss (GER) 1:26:26
89. Frank Kuhlmann (GER) 1:26:26
90. Reinhard Förtsch (GER) 1:26:28
91. Ingo Tiesler (GER) 1:26:31
92. Werner Martin (GER, 3D-Team) 1:26:34
93. Claudius Ehlert (GER) 1:26:49
94. Jens Hiller (GER) 1:26:53
95. Martin Knabe (GER) 1:26:58
96. Sven Schulz (GER) 1:26:59
97. Andreas Bemmann (GER, Hamburg Wasser 1) 1:27:04
98. Wei-Yih David Lo (GER, drlo) 1:27:11
99. Torsten Lange (GER) 1:27:13
100. Lars Critzmann (GER) 1:27:22
101. Sven Schickel (GER, drlo) 1:27:23
102. Lutz Deubel (GER) 1:27:26
103. Toni Bader (GER, Club 28) 1:27:29
104. Mario Bolte (GER) 1:27:30
105. Enno Röhl (GER) 1:27:31
106. Stephan Tiersch (GER) 1:27:38
107. Gottfried Foerschner (GER, Wasserskiclub Hamburg e.V) 1:27:43
108. Michael Lörzer (GER) 1:27:44
109. Rainer Moeglich (GER) 1:27:44
110. Thomas Wünsche (GER, Wünsche Firmengruppe) 1:27:50
111. Markus Heinze (GER, Harry-Brot GmbH) 1:27:54
112. Tobias Mai (GER) 1:27:55
113. Götz Ulrich Leschonsky (GER) 1:27:57
114. Andreas Wessel (GER) 1:28:17
115. Guido Radecke (GER) 1:28:22
116. Carsten Ehrig (GER, Fenthols) 1:28:24
117. Frank Keil (GER) 1:28:31
118. Uwe Mengs (GER) 1:28:32
119. Jörg Anders (GER) 1:28:34
120. Bernd Walter (GER, Lufthansa 2) 1:28:35
121. Olaf Flacke (GER, Lufthansa 2) 1:28:36
122. Klaus Jochums (GER) 1:28:38
123. Dirk Spreckelsen (GER) 1:28:40
124. Jens Ratfeld (GER, M&Ms) 1:28:42
125. Andreas Ahrens (GER, tringegneri) 1:28:49
126. Bernd Augustin (GER) 1:29:05
127. Peter Schmidt (GER, Germania Steinburg) 1:29:05
128. Andre Kornführer (GER) 1:29:07
129. Andreas Kaerger (GER) 1:29:08
130. Ingo Block (GER) 1:29:09
131. Stefan Krogmann (GER) 1:29:10
132. Marco Splittgerber (GER) 1:29:16
133. Thies Algner (GER) 1:29:16
134. Gene Birke (GER, BSG Holsten) 1:29:19
135. Roman Jurisch (GER, FunForTwo) 1:29:24
136. Michael Deutmeyer (GER) 1:29:28
137. Frank Paetzel (GER) 1:29:32
138. Christian Zechel (GER) 1:29:35
139. Markus Dittmann (GER) 1:29:37
140. Moritz Hagenmeyer (GER) 1:29:39
141. Thomas Behrens (GER) 1:29:40
142. Guido Schröder (GER) 1:29:41
143. Bernd Kröger (GER) 1:29:43
144. Axel Kreutzfeldt (GER) 1:29:46
145. Bernd Kobarg (GER, ELIXIA Triathlon Team) 1:29:46
146. Thomas Wesch (GER, Hansewasser Bremen) 1:29:49
147. Thomas Leppin (GER) 1:29:58
148. Ronald Barth (GER) 1:29:59
149. Hubert Tschuschke (GER, E.ON Hanse 2) 1:30:02
150. Michael Drewes (GER) 1:30:02
151. Thomas Wolff (GER) 1:30:03
152. Jan Vietheer (GER) 1:30:03
153. Andreas Knop (GER) 1:30:05
154. Klaus Heimer-Kirsche (GER, antauris AG 2) 1:30:11
155. Matthias Clauß (GER, Elbdeicher) 1:30:13
156. Dirk Mohrdiek (GER) 1:30:17
157. Ulrich Middendorf (GER) 1:30:20
158. Holger Marks (GER) 1:30:25
159. Holger Weck (GER, HamburgRacingTeam) 1:30:25
160. Ulrich Buchholz (GER) 1:30:28
161. Jörg Patommel (GER) 1:30:32
162. Gerald Osthues (GER) 1:30:45
163. Frank Aurast (GER, ELIXIA Triathlon Team) 1:30:46
164. Andreas Meyer (GER) 1:30:51
165. Knut Matussek (GER) 1:30:56
166. Marc Eichblatt (GER) 1:31:05
167. Thomas Krause (GER) 1:31:06
168. Michael Streicher (GER, Hamburg Wasser 2) 1:31:06
169. Christian Harloff (GER) 1:31:08
170. Dietmar Schjut (GER) 1:31:08
171. Carsten Goerecke (GER) 1:31:10
172. Frank Dechow (GER) 1:31:10
173. Harald Karl (GER) 1:31:30
174. Andreas Braunwarth (GER) 1:31:32
175. Rainer Siedler (GER, Omya Peralta Team 3) 1:31:33
176. Steffen Ziemann (GER) 1:31:40
177. Michael Bögle (GER) 1:32:02
178. Wolfgnag Drossel (GER) 1:32:03
179. Martin Bonn (NED) 1:32:10
180. Costa Rositzki (GER) 1:32:21
181. Björn Keßel (GER) 1:32:23
182. Tim Appel (GER) 1:32:25
183. Benno Wilken (GER) 1:32:33
184. Michael Görn (GER) 1:32:36
185. Knud Bräutigam (GER) 1:32:38
186. Andreas Erdmann (GER, Planters Planscher) 1:32:40
187. Kai Rapp (GER) 1:32:46
188. Frank Schäfer (GER, Haspa) 1:32:47
189. Sven Stättner (GER) 1:32:51
190. Klaus Schmidt (GER) 1:32:52
191. Mike Schäcke (GER, dunas) 1:33:05
192. Stefan Redel (GER) 1:33:10
193. Henry des Minières (FRA, Omya Peralta Team 1) 1:33:10
194. Bogislav von Unruh (GER, los gonzales) 1:33:15
195. werner hinsch (GER) 1:33:15
196. Jens Marquardt (GER) 1:33:18
197. Holger Weglage (GER) 1:33:21
198. Martin Zöllmann (GER) 1:33:21
199. Lars Bohn (GER) 1:33:22
200. Peter Golz (GER, cpm) 1:33:31
201. Thomas Lühr (GER) 1:33:40
202. Dirk Ahrens (GER) 1:33:53
203. Kai Beck (GER) 1:34:00
204. Detlef Wunsch (GER) 1:34:11
205. Thorsten Krause (GER, HAMBURG WASSER) 1:34:11
206. Ingo Lage (GER, E.ON Hanse 1) 1:34:24
207. Lutz Wesch (GER, hamburg fishheads) 1:34:35
208. Michael Homberger (GER, E.ON Hanse 2) 1:34:38
209. Michael Schiller (GER, Olympus) 1:34:39
210. Arnd Lieder (GER) 1:34:54
211. Uwe Reimann (GER, Vorjahressieger 2) 1:35:02
212. Mathias Mohr (GER) 1:35:07
213. Stefan Effinger (GER, Hapag-Lloyd) 1:35:12
214. Steffen Grewe (GER) 1:35:13
215. Stefan Holtschneider (GER, Germania Steinburg) 1:35:27
216. Frank Schlichting (GER, Angelwoche) 1:35:29
217. Frank Ottens (GER, spasshaber) 1:35:31
218. Holger Krämer (GER) 1:35:34
218. Stefan Radtke (GER) 1:35:34
220. Sven Lorenzen (GER, Deichathleten) 1:35:37
221. Benjamin Büttner (GER, HAMBURG WASSER) 1:35:39
222. Diether Albrecht (GER) 1:35:39
223. Oliver Knappe (GER, good - aging) 1:35:42
224. Guido Baumgart (SUI, Diestelbarg) 1:35:59
225. Thilo Rieg (GER) 1:36:01
226. Ralf Meyke (GER, tigga) 1:36:05
227. Nikolaus Wagner (GER) 1:36:08
228. Jörn Salomon (GER, HAMBURG WASSER) 1:36:10
229. Thomas Zapp (GER, Club 28) 1:36:11
230. Olaf Hammerich (GER, OLD NAVY) 1:36:15
231. Peter Oelrichs (GER) 1:36:17
232. Christoph Müller (GER) 1:36:19
233. Andre Hartmann (GER, HAMBURG WASSER) 1:36:20
234. Jörg Fischer (GER) 1:36:23
235. Patrick Thiessen (GER, ETHICON) 1:36:30
236. Gerd Dankowski (GER) 1:36:51
237. Ernest Barceló (ESP, Omya Peralta Team 3) 1:37:02
238. Frank Hunold (GER, evodion) 1:37:18
239. Christoph Schmahl (GER) 1:37:19
240. Stefan Eggers (GER, sport möller) 1:37:22
241. Ralf Kuschnereit (GER, tigga) 1:37:44
242. Stefan Affeldt (GER) 1:37:46
243. Stephan Feit (GER, Bitobe) 1:37:50
244. Olav Wegner (GER) 1:38:04
245. Oliver Koch (GER) 1:38:06
246. Hans - Michael Primavesi (GER, good - aging) 1:38:11
247. Christoph Sattler (GER) 1:38:14
248. Klaus Zeppenfeld (GER) 1:38:21
249. Rainer Ohlen (GER) 1:38:24
250. Andreas Jacob (GER) 1:38:26
251. Carlo Civati (ITA, Omya Peralta Team 1) 1:38:33
252. Henning Raschke (GER) 1:38:41
253. Ralf Zimmer (GER, Omya Peralta Team 4) 1:38:45
254. Thomas Kundt (GER) 1:39:03
255. Stefan Schleif (GER) 1:39:12
256. Carl Mario Spitzmüller (GER) 1:39:25
257. Christian Heider (GER) 1:39:59
258. Michael E. Deutschbein (GER) 1:40:07
259. Torsten Haraldson (GER, HAMBURG WASSER) 1:40:25
260. Thomas Groben (GER) 1:40:35
261. Jörn Stademann (GER, ELIXIA Triathlon Team) 1:40:40
262. Oliver Jantzen (GER, Jannick-Go!) 1:40:53
263. Jörg Schlüter (GER, ELIXIA Triathlon Team) 1:41:11
264. Christopher Hack (GER, goodluck) 1:41:19
265. Jens Matthies (GER, Nepal) 1:41:22
266. Torsten Witte (GER) 1:41:22
267. Jan Paepcke (GER) 1:41:57
268. Kay-Stefan Herzig (GER) 1:42:18
269. Norbert Bartsch (GER, Babo) 1:42:29
270. Valerie Swekis (GER, antauris AG 1) 1:43:00
271. Jan Ekblom (FIN, Omya Peralta Team 2) 1:43:03
272. Patrik Lehr (GER) 1:43:04
273. Jörgen Nimphy (GER) 1:43:13
274. Erwin Leichter (GER, antauris AG 2) 1:43:32
275. Heiko Kohrs (GER) 1:43:40
276. Christian Harten (GER) 1:43:54
277. Thomas Winter (GER, Walters Erben) 1:43:54
278. Johannes Niclassen (GER, RT4) 1:44:05
279. Oliver Brandt (GER) 1:44:23
280. Volkmar Prill (GER, Olympus) 1:44:31
281. Sven Hass (GER) 1:44:33
282. Olaf Prang (GER) 1:44:50
283. Bodo Tappert (GER) 1:44:54
284. Thomas Stein (GER, E.ON Hanse 1) 1:45:22
285. Gaute Harald Kutzke (GER) 1:45:43
286. Thorsten Gaartz (GER, Die Achse) 1:45:51
287. Frank Meier (GER, Omya Peralta Team 6) 1:45:55
288. Stefan Paul (GER) 1:46:12
289. Frank Thiem (GER) 1:46:13
290. Jens Rühter (GER, E.ON Hanse 1) 1:47:30
291. Tom Creter (GER, HOSCHEN) 1:48:12
292. Martin Nowak (GER) 1:48:13
293. Roland Schön (GER) 1:48:35
294. Stephan Füllmich (GER) 1:48:52
295. Frank Werner Aurin (GER) 1:49:03
296. Olaf Schröter (AFG, Omya Peralta Team 7) 1:49:14
297. Oliver Braasch (GER) 1:49:25
298. Guido Krause (GER, HAMBURG WASSER) 1:50:00
299. Kai Petersen (GER) 1:50:05
300. Andreas Reimann (GER) 1:50:22

301. Jörg Steinkamp (GER) 1:50:30
302. Rüdiger Arp (GER, Team: Sweatballs 2) 1:51:29
303. Holger Lanz (GER, Omya Peralta Team 3) 1:51:41
304. Björn Szymkowiak (GER) 1:51:44
305. Klaus Jatho (GER, ELIXIA Triathlon Team) 1:51:54
306. Frank Thiergarten (GER) 1:52:09
307. Klaus Dreyer (GER, sport möller) 1:52:32
308. Marco Heide (GER, ELIXIA Triathlon Team) 1:54:54
309. Roland Maibohm (GER, Die Achse) 1:54:58
310. Carsten Barz (GER) 1:55:17
311. Mathias Gerecke (GER, Rasselbande) 1:57:42
312. Michael Busse (GER, Adyton) 2:00:15
313. Michael Fiedler (GER) 2:00:46
314. Thies Burdorf (GER, PartyPaket.de) 2:01:15
315. Christoph Müller (GER) 2:05:22
316. Kilian Krause (GER, Housemaster) 2:05:43

Senioren 2 M (45-49)

1. Frank Heimerdinger (GER) 1:13:00
2. Ralf Schöpker (GER) 1:16:48
3. Michael Schleuß (GER) 1:18:44
4. Heino Buhrmann (GER, drlo) 1:18:52
5. Werner Diekjürgen (GER) 1:19:22
6. Hendrik Thielemann (GER, drlo) 1:19:40
7. Peter Templin (GER) 1:19:41
8. Olaf Schultes (GER, Team Merlin) 1:20:13
9. Andreas Paul (GER, Hamburg Wasser 1) 1:20:56
10. Horst Mauser (GER, Gruppenstart mit Dame) 1:21:08
11. Andreas Krieger (GER, Jungheinrich 1) 1:21:53
12. Frank Jaszkowiak (GER) 1:21:54
13. Jochen Rumpelt (GER, Dachser) 1:21:54
14. Stefan Schild (GER) 1:21:57
15. Dieter Rode (GER) 1:22:16
16. Jürgen Kraus (GER, Hansewasser Bremen) 1:22:26
17. Arnold Schäfer (GER, Hamburg Wasser 2) 1:22:43
18. Thorsten Michael (GER, 1. Hamburger 12-Kampf 3) 1:22:45
19. Andreas Bergmann (GER) 1:22:58
20. Martin Humbert (GER, 1. Hamburger 12-Kampf 1) 1:22:59
21. Harald Lehmann (GER, drlo) 1:23:01
22. Rolf Sandow (GER, Gruppenstart mit Dame) 1:23:05
23. Jochen Wynants (NED, NXP Semiconductors) 1:23:35
24. Jörg Winkelmann (GER) 1:23:38
25. Bernd Schmidt (GER) 1:23:45
26. Kai Roquette (GER) 1:23:53
27. Tobias Teutemacher (GER) 1:23:59
28. Norbert Lammert (GER) 1:24:11
29. Markus Schmees (GER, tritop) 1:24:23
30. Joachim Kloth (GER) 1:24:35
31. Dierk Sterzing (GER, Philips Medical Systems 1) 1:24:42
32. Hans-Joachim Proföhr (GER, Philips Medical Systems 2) 1:24:46
33. Dirk Niehuus (GER) 1:25:08
34. Carsten Vick (GER) 1:25:13
35. Frank Köpp (GER) 1:25:22
36. Paul Wichtrup (GER) 1:25:25
37. Detlef Barber (GER) 1:25:33
38. Lutz Gerhard (GER) 1:25:45
39. Martin Hinkel (GER) 1:25:55
40. Torsten Güßmann (GER, Hamburg Wasser 2) 1:26:01
41. Carsten Beyer (GER) 1:26:01
42. Tobias Zeiser (GER, SG Stern) 1:26:12
43. Thorsten Bühner (GER) 1:26:32
44. Arno Weisheit (GER) 1:26:37
45. Lutz Missbach (GER) 1:27:09
46. Oliver Schirg (GER) 1:27:12
47. Maik Schacht (GER) 1:27:14
48. Ralf Armbrecht (GER) 1:27:22
49. Jörg Krieger (GER, Lufthansa2) 1:27:23
50. Dieter Kohrs (GER, 1. Hamburger 12-Kampf 1) 1:27:25
51. Michael Bogatzki (GER) 1:27:31
52. Matthias Muß (GER, tritop) 1:27:45
53. Frank Meyer (GER, Walters Erben) 1:27:56
54. Georg Vankerkom (GER, Team: Sweatballs 6) 1:28:00
55. Kai-Uwe Arndt (GER) 1:28:08
56. Hans Bremer (GER) 1:28:15
57. Frank Dittmann (GER) 1:28:18
58. Heiko Menz (GER) 1:28:29
59. Jochen Schaeper (GER, Vorjahressieger 2) 1:28:50
60. Lothar Schwarz (GER) 1:28:55
61. Volker Schümann (GER) 1:29:00
62. Axel Kraft (GER) 1:29:11
63. Heiko Köster (GER, Philips Medical Systems 2) 1:29:17
64. Harald Schmeling (GER) 1:29:20
65. Matthias Spitz-Valentiner (GER) 1:29:21
66. Ulrich Scharrenweber (GER, Kaifu Tri Team) 1:29:23
67. Ulf von Sothen (GER) 1:29:29
68. Rolf Niederhoff (GER) 1:29:48
69. Uwe Ohl (GER) 1:29:57
70. Andreas Mäder (GER, HAMBURG WASSER) 1:30:06
71. Michael Watzlaw (GER) 1:30:06
72. Thomas Keller (GER) 1:30:09
73. Bernd Mergardt (GER) 1:30:10
74. Frank Nowack (GER, Rehateam Hamburg) 1:30:13
75. Norbert Albrecht (GER) 1:30:14
76. Peter Dibbern (GER, ELIXIA Triathlon Team) 1:30:30
77. Peter Sofsky (GER) 1:30:35
78. Antonios Aronis (GER, 1. Hamburger 12-Kampf 4) 1:30:44
79. Kai-Uwe Mahler (GER) 1:31:10
80. Christof Zingel (GER) 1:31:12
81. Hinrich Knust (GER) 1:31:38
82. Thomas Prager (GER) 1:31:49
83. Matthias Triep (GER) 1:31:52
84. Heiko Nowek (GER, Walters Erben) 1:32:06
85. Jörg Saggau (GER, early.birds) 1:32:12
86. Stefan Bausch (GER, 3D-Team) 1:32:23
87. Dirk Beyer-Rogeé (GER, 1. Hamburger 12-Kampf 4) 1:32:33
88. Kai Thiedeitz (GER) 1:32:41
89. Markus Kammermeier (GER) 1:32:45
90. Michael Gebauer (GER) 1:32:52
91. Wolfgang Senft (GER, good - aging) 1:33:03
92. Holger Ferkinghoff (GER) 1:33:29
93. Udo Schmidt (GER) 1:33:47
94. Jens Bremermann (GER) 1:34:07
95. Michael Rix (GER, Hamburg Wasser 2) 1:34:12
96. Michael Pahlke (GER, Marmstorfer Jungs) 1:34:17
97. Peter Schouler (GER) 1:34:27
98. Kay Lausen (GER) 1:34:30
99. Cornelius Baltus (NED, lion king) 1:34:46
100. Volker Lietz (GER) 1:35:09
101. Thorsten Dobbertin (GER) 1:35:18
102. Thorsten Grünke (GER) 1:35:43
103. Max Lessmoellmann (GER) 1:36:03
104. Manfred Marx (GER, NXP Semiconductors) 1:36:09
105. Alfred Sakulowski (GER, Kluth) 1:36:11
106. Arnold Franz (GER) 1:36:19
107. Karl-Friedrich Schranz (GER, SGWasserrattenNorderstedt) 1:36:26
108. Gerald Mischkowski (GER) 1:36:34
109. Jörg Porath (GER, Rofin HZT) 1:37:01
110. Thomas Middendorf (GER) 1:37:23
111. Thomas Kreuels (GER) 1:37:26
112. Detlef Ellerbrock (GER, ELIXIA Triathlon Team) 1:38:03
113. Frank Grewe (GER, HAMBURG WASSER) 1:38:07
114. Peter Otto Ipsen (GER) 1:38:35
115. Roman Sandera (GER, 1. Hamburger 12-Kampf 4) 1:38:43
116. Rolf Rhöse (GER) 1:38:46
117. Harald Blecken von Schmeling (GER) 1:39:13
118. Christian Wulf (GER) 1:39:29
119. Joachim Meier (GER) 1:39:43
120. Jörg Marienberg (GER) 1:40:03
121. Bernd Kirchhoff (GER) 1:40:31
122. Roland Baltruschat (GER) 1:40:45
123. Frank Gabbert (GER, Dreamer) 1:41:05
124. Michael Pierdzioch - Hardt (GER, HAMBURG WASSER) 1:41:33
125. Wolfgang Vanselow (GER) 1:41:58
126. Berthold Leifermann (GER, Rofin HZT) 1:41:59
127. Karl-Heinz Grabsch (GER) 1:42:02
128. Kai-Uwe Schmidt (GER) 1:42:07
129. Marcel Tobler (GER, Kluth) 1:42:18
130. Marc Meiré (GER) 1:42:27
131. Rolf Behnke (GER) 1:42:42
132. Mike Brede (GER, 1. Hamburger 12-Kampf 5) 1:42:44
133. Harm-Cven Westphalen (GER) 1:42:57
134. Jörg Denecke (GER, Musketiere) 1:42:58
135. Anjo Harms (GER, dino) 1:43:53
136. Jörg Schmitter (GER, early.birds) 1:44:08
137. Thomas Reichelt (GER, rka) 1:44:16
138. Malik Larak (FRA, ELIXIA Triathlon Team) 1:45:05
139. Manfred Winterfeld (GER, Dreamer) 1:45:08
140. Stephan Urban (GER, Rasselbande) 1:45:08
141. Kay Asmus (GER, HAMBURG WASSER) 1:45:15
142. Roland Stoeck (GER, Olympus) 1:46:00
143. Frank Derow (GER) 1:46:10
144. Thomas Stölken (GER, HSV96) 1:47:20
145. Carsten Stern (GER) 1:47:31
146. Georg Wiegang (GER) 1:47:34
147. Jens Eric Borowski (GER) 1:47:44
148. Oliver Kirbach (GER, Birte) 1:48:11
149. Günther Leuker (GER) 1:48:12
150. FARSCHID NIKNAM (GER) 1:48:50
151. Jens Dädlow (GER, you see all) 1:48:52
152. Martin Lotz (GER, you see all) 1:48:52
153. Oswald Adler-Befeld (GER, you see all) 1:48:52
154. Andreas Heidenreich (GER, HAMBURG WASSER) 1:49:46
155. Ralf Hense (GER, HAMBURG WASSER) 1:50:29
156. Michael David (GER) 1:50:58
157. Thomas Dietz (GER) 1:52:00
158. Ralf Bückmann (GER) 1:52:26
159. Frank-Ulrich Müller (GER) 1:52:26
160. Uwe Grzeski (GER) 1:56:53
161. Thomas Kreidenberg (GER) 1:57:40
162. Jan Meinecke (GER) 1:58:16
163. Detlef Pechermeyer (GER) 1:58:43
164. Jörg Voß (GER, Kraftwerk Norderstedt) 1:59:41
165. Frank Huettemann (GER) 2:00:29
166. Arnd Seng (GER) 2:02:28
167. Peter Krause (GER) 2:10:03
168. Peter Funke (GER) 2:14:16

Senioren 3 M (50-54)

1. Wolfgang Bößenecker (GER) 1:15:59
2. Werner Brettschneider (GER) 1:17:54
3. Udo Sieger (GER, 1. Tri Team Gütersloh) 1:19:49
4. Jörg Goldammer (GER) 1:22:08
5. Michael Motzny (GER, FunForTwo) 1:22:46
6. Detlef Samland (GER, E.ON Hanse 2) 1:23:20
7. Bernd Lahmer (GER) 1:23:33
8. Hans-Hermann Peemöller (GER) 1:23:37
9. Axel Bubeitz (GER) 1:24:14
10. Clemens Weber (GER, 1. Hamburger 12-Kampf 2) 1:24:43
11. Hans-Werner Mehrkens (GER) 1:25:44
12. Harald Baumgart (GER) 1:26:47
13. Udo Harner (GER, Stader SV) 1:27:14
14. Uwe Wallat (GER) 1:27:42
15. Peter Asmussen (GER, Hamburg Wasser 2) 1:28:06
16. Peter Gubner (GER, Hamburg Wasser 2) 1:28:23
17. Ralf Pieper (GER) 1:28:57
18. Gerhard Lüders (GER, tesa) 1:29:12
19. Hans-Jürgen Klimpki (GER, Walters Erben) 1:29:36
20. Rolf Prüfer (GER, HSV96) 1:29:41
21. Martin Waldner (GER) 1:30:42
22. Bernd Klemeyer (GER) 1:30:50
23. Lutz Klawitter (GER) 1:30:58
24. Thomas Straub (GER, Kap-Schrö) 1:31:23
25. Michael Henk (GER, ETHICON) 1:31:27
26. Andreas Lichtenfeld (GER, ELIXIA Triathlon Team) 1:32:07
27. Uwe Jochens (GER) 1:32:25
28. Michael Metzler (GER) 1:32:53
29. Jürgen Behrens (GER) 1:33:07
30. Peter Wucherpfennig (GER, Rasselbande) 1:33:32
31. Martin Langos-Luca (GER) 1:33:35
32. Peter Matthies (GER) 1:33:39
33. Wilhelm Dutz (GER, Hansewasser Bremen) 1:33:52
34. Peter Schober (GER, HAMBURG WASSER) 1:34:25
35. Ronald Faust (GER) 1:34:38
36. Heiko Lampe (GER, Hansewasser Bremen) 1:35:13
37. Horst Reimers (GER) 1:35:49
38. Ulrich Meldau (GER, Vattenfall) 1:36:01
39. Thomas-Gregor Grubann (GER) 1:36:06
40. Thomas Blades (GER) 1:36:12
41. Arno Hagenah (GER, wmco-winter) 1:37:01
42. Michael Pfeifers (GER) 1:37:32
43. Uwe Griem (GER, WTB) 1:37:50
44. Dieter Kremers (GER) 1:38:10
45. Rainer Bolick (GER) 1:38:27
46. Dirk Seligmann (GER) 1:38:34
47. Andreas Lechelt (GER, Hansewasser Bremen) 1:38:36
48. Thomas Borchert (GER) 1:39:15
49. Gerd Haberkorn (GER) 1:39:28
50. Matthias Böning (GER) 1:39:47
51. Thomas Ertl (GER) 1:40:01
52. Detlef Gerd Stechern (GER, LG Halkyone) 1:40:09
53. Uwe Deters (GER) 1:40:13
54. Knut Schaumann (GER) 1:40:27
55. Conny Langkam (GER, SGWasserrattenNorderstedt) 1:40:29
56. Jürgen Pietschmann (GER) 1:41:10
57. Hans-Werner Röth (GER, Omya Peralta Team 6) 1:42:55
58. Olaf Kölln (GER) 1:42:55
59. Wolfgang Weber (GER) 1:43:08
60. Günther Belau (GER, harburger sc) 1:43:10
61. Norbert Retzlaff (GER) 1:43:34
62. Udo Beckenbauer (GER, Beckenbauer) 1:43:37
63. Wolfgang Plönsky (GER) 1:43:43
64. Thierry v.d.Vliervoet (GER, Otto Wulff Bauunternehmen) 1:45:10
65. Uwe Maaß (GER, Kap-Schrö) 1:45:50
66. Harry Bader (GER) 1:49:20
67. Uwe Reiß (GER) 1:51:40
68. Stefan Prohaska (GER) 1:52:22
69. Frank Homrich (GER) 1:53:03
70. Michael Brandt (GER, Volksbank) 1:53:06
71. Jens Wilbrandt (GER) 1:54:34

72. Axel Schultz (GER)	1:54:41	
73. Thomas Papke (GER, Technik Triathlon Team)	1:59:26	
74. Enno Schlatermund (GER)	2:00:33	
75. Martin Facklam (GER)	2:21:00	

Senioren 4 M (55-59)

1. Jürgen Buschmann (GER) — 1:20:41
2. Axel Meyer-Meretzki (GER, HAMBURG WASSER) — 1:21:50
3. Hans-Otto Kahle (GER) — 1:23:12
4. Wolfgang Lancker (GER) — 1:24:10
5. Klaus-Peter Justus (GER) — 1:25:36
6. Herbert Brauer (GER, Omya Peralta Team 2) — 1:27:41
7. Bernd Matschiner (GER) — 1:28:10
8. Friedrich Katzensteiner (GER, Omya Peralta Team 4) — 1:28:18
9. Ronald Bentien (GER) — 1:29:13
10. Herbert Bremer (GER) — 1:29:34
11. Heinz Hasse (GER, Team: Sweatballs 3) — 1:29:48
12. Wolfgang Sohn (GER) — 1:30:54
13. Jürgen Schoer (GER, Hansewasser Bremen) — 1:31:05
14. Claus Wollmann (GER) — 1:31:14
15. Matthias Glatzer (GER) — 1:31:16
16. Axel Pöhlmann (GER) — 1:31:31
17. Jürgen Straub (GER, Kap-Schrö) — 1:32:20
18. Horst Ivens (GER) — 1:32:49
19. Peter Heinemann (GER) — 1:32:57
20. Walter Hukemann (GER) — 1:34:11
21. Volker Greven (GER) — 1:34:43
22. Ullrich Kulpok (GER) — 1:36:01
23. Udo Wienand (GER) — 1:37:13
24. Hans-Joachim Wiesner (GER) — 1:38:47
25. Karl Jung (GER) — 1:40:19
26. Heiner Lohmann (GER) — 1:40:50
27. Mathias Klingler (GER) — 1:41:32
28. Werner Niemann (GER) — 1:41:43
29. Carlos Wolf (GER) — 1:42:26
30. Rainer Thiel (GER) — 1:43:11
31. Horst Stepan (GER, Hansewasser Bremen) — 1:43:18
32. Michael Zimmer (GER) — 1:43:47
33. Günter Wöckner (GER) — 1:46:14
34. Joachim Watterodt (GER, GRATENAU) — 1:47:43
35. Wolfgang Hurtienne (GER) — 1:48:27
36. Knut Gailus (GER) — 1:48:37
37. Hans-Jürgen von Cölln (GER) — 1:49:39
38. Ekkehard Merten (GER) — 1:50:07
39. Ralf Krohn (GER, ELIXIA Triathlon Team) — 1:50:53
40. Gregor Karpeljuk (GER) — 1:53:03
41. Reinhard Prigge (GER) — 1:58:35

Senioren 5 M (60-64)

1. Manfred Schoppe (GER) — 1:24:45
2. Henryk Wroblewski (GER, Friesland) — 1:29:19
3. Peter J. Lund (GER) — 1:29:36
4. Dieter Krause (GER) — 1:30:38
5. Karl Bönsch (GER) — 1:32:28
6. Peter Köster (GER, Birte) — 1:33:54
7. Claus Jaekel (GER, LG-Niendorf) — 1:34:10
8. Friedrich Braun (GER, ELIXIA Triathlon Team) — 1:34:58
9. Norbert Aue (GER, Hydro-Team) — 1:35:11
10. Reiner Schnettler (GER) — 1:36:20
11. Hermann Grube (GER) — 1:39:46
12. Karl-Heinz Schlegel (GER) — 1:40:37
13. Claus-Werner Ahrens (GER, Deutscher Ring) — 1:41:18
14. Jürgen Deubel (GER) — 1:43:27
15. Hans-Jürgen Zinke (GER) — 1:43:33
16. Dieter Golombek (GER, LG-Niendorf) — 1:44:14
17. Peter Cohrs (GER) — 1:44:31
18. Gerhard Harder (GER, Hansewasser Bremen) — 1:45:30
19. Eckhard Böhlke (GER) — 1:46:02
20. Rolf Möhlmann (GER) — 1:47:32
21. Werner Vogel (GER, Friesland) — 1:51:12
22. Dieter Naber (GER, Friesland) — 1:51:13
23. Rainer Ludwig (GER) — 1:55:33
24. Hans-Wolfgang Staudinger (GER, Hamburgberlin) — 1:57:16
25. Uwe Ernst Stamer (GER) — 2:05:50

Senioren 6 M (65-69)

1. Onko Lenz (GER) — 1:28:26
2. Hartmut Hommel (GER, 1. Hamburger 12-Kampf 1) — 1:30:47
3. Gerd Dierkes (GER, ELIXIA Triathlon Team) — 1:43:24
4. Detlef Feldhaus (GER) — 1:45:13
5. Jürgen Wiebe (GER, wmco-winter) — 1:46:05
6. Horst Fick (GER) — 1:51:53
7. Burkhard Mostler (GER) — 1:53:26
8. Volker Walter (GER) — 1:54:58
9. Gert Steinbach (GER) — 1:55:37

10. Henry Puls (GER) — 1:57:33
11. Rolf Einnolf (GER) — 2:00:25
12. Johannes Standeisky (GER, HAMBURG WASSER) — 2:06:58

Senioren 7 M (70-74)

1. Claus Drewes (GER) — 1:37:55
2. Werner Kriwat (GER) — 1:48:56
3. Jörg Wermke (GER, Housemaster) — 1:49:19

Senioren 8 M (75-79)

1. Heinz Peters (GER) — 2:46:04

Staffeln (Sprintdistanz)

1. ASICS-Heavy.Medal-Men — 0:58:02
2. Erdinger Alkoholfrei 1 — 1:00:02
3. Orca Express — 1:00:18
4. Erdinger Alkoholfrei 2 — 1:04:39
5. Hamburg Wasser — 1:11:11
6. Fit for Fun — 1:11:58
7. Erdinger Alkoholfrei 3 — 1:14:09

See you in Vancouver!

Aller Abschied fällt schwer – doch die nächste Triathlon-Weltmeisterschaft kommt bestimmt. Und zwar am 7. und 8. Juni 2008 im kanadischen Vancouver. Werden Daniel Unger und Vanessa Fernandes ihre Titel verteidigen können? Wer holt sich die letzten Olympiatickets? Für Spannung ist im kommenden Sommer jedenfalls gesorgt.

Die Metropole des Westens
The western style World Championships

Vancouver liegt im Südwesten der Provinz British Columbia an der Westküste Kanadas. Rund 600.000 Menschen leben in der Stadt, mit rund 2,1 Millionen Einwohnern ist die Gegend Greater Vancouver Regional District die drittgrößte Metropolregion des Riesenlandes im amerikanischen Norden. Die größte Hafenstadt Kanadas gehört zu den Städten mit der höchsten Lebensqualität weltweit und ist im Jahr 2010 Gastgeber der Olympischen Winterspiele. Die Wettkämpfe der Triathlon-WM 2008 finden in der City und in dem auf einer Insel gelegenen Stanley Park statt. Auch die Weltmeisterschaften für die kommenden Jahre stehen schon fest: Nach Vancouver 2008 sind im Jahr 2009 die Gold Coast (Australien), 2010 Budapest (Ungarn) und 2011 Peking (China) Gastgeber des großen Triathlonspektakels. Weitere Informationen finden Sie unter www.triathlon.org.

Vancouver is located in the southwest of British Columbia on the western coast of Canada. About 600,000 people life in the city, the Greater Vancouver Regional District with more than 2,1 million people is the third largest metropolis in the country. Vancouver's harbour is the largest in Canada and the city is proud to be among the cities with the highest quality of life in the world. In 2010, Vancouver will host the Olympic Winter Games together with Whistler. The 2008 BG Triathlon World Championship races will take place downtown and in the Stanley Park. After Vancouver, the next World Championships will be held at the Gold Coast (Australia) in 2009, in Budapest (Hungary) in 2010 and in Beijing (China) in 2011. For more information, please visit www.triathlon.org.

Impressum
Imprint

triathlon world championships hamburg 2007

Fotos / photos: Silke Insel, Frank Wechsel

Weitere Fotos / Other photos: Delly Carr (S. 14, 19, 20, 21, 191)
Janos Schmidt (S. 23)

Gestaltung und Litho / artwork: Stephanie Hort

Text: Frank Wechsel

Lektorat / editors: Jens Richter, Neil Davis

Verlag / Publisher: spomedis GmbH
Altonaer Poststr. 13a, 22767 Hamburg
Germany
phone +49 40 851924-3
telefax +49 40 851924-45

Druck / Printing: Stürtz GmbH
Beethovenstr. 5
97080 Würzburg
Germany

Printed in Germany
ISBN 978-3-936376-24-1

Der Verlag und die spomedis-Philosophie
Richtig betriebener Ausdauersport ist gesund. Diese Tatsache hat nicht nur Bedeutung für den einzelnen Athleten, sondern auch für unsere gesamte Bevölkerung: Auf der einen Seite werden die Menschen immer älter, auf der anderen die Mittel für ihre Gesunderhaltung und vor allem Gesundheitswiederherstellung immer knapper. Wussten Sie, dass jeder Deutsche statistisch gesehen fast 20 Arzneimittelpackungen pro Jahr aufbraucht?

Nur eine wesentlich stärkere Betonung des Präventionsgedankens kann hier langfristig und nahezu kostenneutral Abhilfe schaffen. Das Team der spomedis GmbH möchte seinen eigenen kleinen Beitrag zum Ausweg aus diesem Dilemma leisten: Die Menschen zum Sport motivieren und ihnen Tipps für das gesunde Sporttreiben mit auf den Weg geben – das ist unsere Auffassung einer modernen, aber anderen Medizin.

Diesen Gedanken, der gleichermaßen im Gesundheits-, Breiten-, Leistungs- und Spitzensport gilt, verfolgen wir mit unserer Kompetenz in den Zeitschriften-, Buch- und Onlineprojekten und in der Betreuung unserer ausgewählten Kunden.

Das Werk einschließlich seiner Teile ist urheberrechtlich geschützt. Jede urheberrechtsrelevante Verwertung, insbesondere die Verbreitung durch Druckverfahren (auch auszugsweise), Film, Funk, Fernsehen, öffentliche Aufführung, Online-Medien, fotomechanische Wiedergabe, Tonträger, Einspeicherung und Rückgewinnung in Datenverarbeitungsanlagen aller Art sowie Übersetzung und Nachahmung, ist ohne Zustimmung des Verlags unzulässig und strafbar.